Phrase Book

CONSULTANT
Isabel Rugama

GEM PHRASE BOOKS

- DUTCH
- FRENCH
- GERMAN
- GREEK
- ITALIAN
- PORTUGUESE
- SPANISH

Also available Gem Phrase Book CD Packs

First published 1993
This edition published 2003

Reprint 10 9 8 7 6 5 4 3 2 1 0
Printed in Italy by Amadeus S.p.A

www.collins.co.uk

ISBN 0 00-714169-6

Your *Collins Gem Phrase Book* is designed to help you locate the exact phrase you need in any situation, whether for holiday or business. If you want to adapt the phrases, we have made sure that you can easily see where to substitute your own words (you can find them in the dictionary section), and the clear, two-colour layout gives you direct access to the different topics.

The *Gem Phrase Book* includes:

- Over 70 topics arranged thematically. Each phrase is accompanied by a simple pronunciation guide which ensures that there's no problem over pronouncing the foreign words.
- Practical hints and useful vocabulary highlighted in boxes. Where no article (**el/la/un/una**) is given you generally see the word written on signs. We give the pronunciation for all words.

WORDS APPEARING IN BLACK ARE ENGLISH WORDS	WORDS APPEARING IN BLUE ARE SPANISH WORDS

- Possible phrases you may hear in reply to your questions. The foreign phrases appear in blue.
- A clearly laid-out 5000-word dictionary: English words appear in black and Spanish words appear in blue.
- A basic grammar section which will enable you to build on your phrases.

It's worth spending time before you embark on your travels just looking through the topics to see what is covered and becoming familiar with what might be said to you.

Whatever the situation, your *Gem Phrase Book* is sure to help!

CONTENTS

PRONOUNCING SPANISH

Spelling and pronouncing Spanish are easy once you know the few basic rules. This book has been designed so that as you read the pronunciation of the phrases you can follow the Spanish. This will help you to recognize the different sounds and give you a feeling for the rhythm of the language. The syllable to be stressed is marked in ***heavy italics*** *in the pronunciation. Here are a few rules you should know:*

SPANISH	SOUNDS LIKE	EXAMPLE	PRONUNCIATION
■ CA	*ka*	*cama*	***ka**ma*
CO	*ko*	*con*	*kon*
CU	*ku*	*cubo*	***koo**bo*
■ CE	*the*	*cena*	***the**na*
CI	*thee*	*cine*	***thee**-ne*
■ GA	*ga*	*gato*	***ga**to*
GO	*go*	*algo*	***al**go*
GU	*goo*	*algún*	*al-**goon***
■ GE	*khe*	*gente*	***khen**te*
GI	*khee*	*giro*	***khee**ro*
■ J	*kh*	*jueves*	***khwe**-bes*
■ LL	*ly*	*llamo*	***lya**mo*
■ Ñ	*ny*	*señor*	*se**nyor***
■ UA	*w*	*cual*	*kwal*
UE	*w*	*vuelva*	***bwel**ba*
■ V	*b*	*vuelva*	***bwel**ba*
■ Z	*th*	*Zaragoza*	*thara-**go**tha*

H *is silent:* **hora** ***o**-ra*, **hola** ***o**-la.*

R *is rolled and* **RR** *even more so.*

*In Spanish, vowels (**a**, **e**, **i**, **o**, **u**) have only one sound. When you find two together, pronounce both of them in quick succession as in* **aceite** *a-**the**-ee-te.*

Yes
Sí
see

No
No
no

OK!
¡Vale!
***ba**-le*

Thank you
Gracias
***grath**-yas*

Thanks very much
Muchas gracias
***moo**chas **grath**-yas*

Hello
Hola
***o**-la*

Goodbye
Adiós
*ad-**yos***

Good night
Buenas noches
***bwe**-nas **no**-ches*

Good morning
Buenos días
***bwe**-nos **dee**-as*

Good evening
Buenas tardes
***bwe**-nas **tar**-des*

See you later
Hasta luego
***as**-ta **lwe**-go*

Please
Por favor
*por fa**bor***

Don't mention it
De nada
*de **na**da*

With pleasure!
¡Con mucho gusto!
*kon **moo**cho **goo**sto*

Pardon?
¿Cómo dice?
***ko**mo **dee**-the*

Thanks very much
Muchas gracias
***moo**chas **gra**-thyas*

I don't know
No sé
no se

Sir / Mr
Señor / Sr.
*se-**nyor***

Madam / Mrs / Ms
Señora / Sra.
*se-**nyo**ra*

Miss
Señorita / Srta.
*senyo-**ree**ta*

Excuse me! *(to catch attention)*
¡Oiga, por favor!
*o-**ee**ga por fa**bor***

Excuse me *(sorry)*
Perdone
*per**do**-ne*

I don't understand
No entiendo
*no en-**tyen**do*

Do you understand?
¿Entiende?
*en-**tyen**de*

Do you speak English?
¿Habla usted inglés?
a**-bla oos**ted** een-**gles

I speak very little Spanish
Hablo muy poco español
a**-blo mwee **po**ko espa-**nyol

How are you?
¿Cómo está?
ko**mo es**ta

Fine, thanks
Muy bien, gracias
*mwee byen **grath**-yas*

And you?
¿Y usted?
*ee oo-**sted***

*Asking for something in a shop or bar, you would ask for what you want, adding **por favor**. When **some** refers to something you can't count in Spanish, it usually isn't translated. When **some** refers to something you can count, use **alguno** (shortened to **algún** before a masculine singular noun) or **alguna** before a feminine singular noun.*

the
el / la / los / las
el / la / los / las

the museum
el museo
*el moo-**se**-o*

the station
la estación
*la esta-**thyon***

the shops
las tiendas
*las **tyen**-das*

a/one (*masculine*)
un
oon

(*feminine*)
una
oona

a ticket / one stamp
un billete / un sello
*oon beel-**ye**-te / oon **sel**-yo*

a room / one bottle
una habitación / una botella
*oona abeeta-**thyon** / oona bo-**tel**-ya*

some (*masculine*)
algún / alguno / algunos
*al-**goon** / al-**goo**no / al-**goo**nos*

(*feminine*)
alguna / algunas
*al-**goo**na / al-**goo**nas*

Would you like some bread?
¿Quiere pan?
***kye**-re pan*

Have you got some coffee?
¿Tiene café?
tyen**-e ka-**fe

Do you have...?
¿Tiene...?
***tyen**-e...*

Do you have a room?
¿Tiene una habitación?
tyen**-e oona abeeta-**thyon

I'd like...
Quería...
*ke-**ree**ya...*

We'd like...
Queríamos...
*ke-**ree**ya-**mos**...*

I'd like an ice cream
Quería un helado
*ke-**ree**ya oon e-**la**-do*

We'd like to visit Toledo
Queríamos visitar Toledo
*ke-**ree**ya-mos beesee**tar** to**le**do*

Some more bread?
¿Más pan?
*mas p**a**n*

Some more soup?
¿Más sopa?
*mas **so**pa*

Some more glasses?
¿Más vasos?
*mas **ba**sos*

Another coffee
Otro café
o**-tro ka-**fe

Another beer
Otra cerveza
***o**-tra ther-**be**tha*

How much is it?
¿Cuánto es?
***kwan**to es*

How much is the room?
¿Cuánto cuesta la habitación?
kwan**to **kwes**ta la abeeta-**thyon

large / small
grande / pequeño
***gran**-de / pe-**ken**-yo*

with / without
con / sin
kon / seen

Where is...?
¿Dónde está...?
***don**-de es**ta**...*

Where are...?
¿Dónde están...?
***don**-de es-**tan**...*

Where is the station?
¿Dónde está la estación?
don**-de es**ta** la esta-**thyon

Where are the toilets?
¿Dónde están los aseos?
***don**-de es**tan** los a-**se**yos*

How do I get...?
¿Cómo se va...
***ko**mo se ba...*

to the park
al parque
*al par-**ke***

to the station
a la estación
*a la esta-**thyon***

to Madrid
a Madrid
*a ma-**dreed***

There is/are...
Hay...
***a**-ee...*

There isn't/aren't any...
No hay...
*no **a**-ee...*

When...?
¿Cuándo...?
***kwan**do...*

At what time...?
¿A qué hora...?
*a ke **o**-ra...*

today
hoy
oy

tomorrow
mañana
*ma-**nya**na*

Can I smoke?
¿Puedo fumar?
pwe**do foo**mar

Can I taste it?
¿Puedo probarlo?
***pwe**do pro**bar**lo*

How does this work?
¿Cómo funciona?
***ko**mo foon-**thyo**na*

What does this mean?
¿Qué significa?
*ke seeg-**nee**feeka*

Entrada
entrance
Salida
exit
caliente
hot
frío
cold
Abierto
open
Cerrado
closed
autoservicio
self-service
Agua potable
drinking water
CAJA
cash desk
Importe Exacto
exact amount
TIRAR
pull
EMPUJAR
push
No se admiten devoluciones
no refunds
ASEOS
toilets
libre
vacant
ocupado
engaged
No devuelve cambio
no change given
CABALLEROS
gents
SENORAS
ladies
FUERA DE SERVICIO
out of service
Probadores
changing rooms
se aquila
for hire / to rent
Prohibido Bañarse
no bathing
se vende
for sale
REBAJAS
sale

sótano
basement
planta baja
ground floor
ascensor
lift
ACCESO A VÍAS
to the trains
HABITACIONES LIBRES
rooms available
SALIDA DE EMERGENCIA
emergency exit
COMPLETO
no vacancies
SELECCIONE
choose
llamar
ring
BILLETES
tickets
mañanas
morning
pulsar
press
SALIDAS
departures
tardes
afternoon
LLEGADAS
arrivals
HORARIO
timetable
INFORMACIÓN
information
Privado
private
no fumador
non-smoking
fumador
smoking
Prohibido Fumar
no smoking

POLITE EXPRESSIONS

*There are two forms of address in Spanish: formal (**usted**) and informal (**tú**). You should always stick to the formal until you are invited to **tutear** (use the informal **tú**).*

The meal was delicious
La comida estaba deliciosa
*la ko-**mee**da es**ta**ba delee-**thyo**sa*

Thank you very much
Muchas gracias
***moo**chas **grath**-yas*

This is a gift for you
Esto es un regalo para ti/vosotros
***es**to es oon re**gal**o para **tee**/bo-**so**tros*

Pleased to meet you
Encantado(a)
*enkan-**ta**do(a)*

This is...
Le presento a...
*le pre**sen**to a...*

my husband / wife
mi marido / mujer
*mee ma**ree**do / moo**kher***

You have a beautiful home
Tiene(n) una casa preciosa
***tyen**-e(n) oona **ka**sa preth-**yo**sa*

You have a beautIful garden
Tiene(n) un jardín precioso
***tyen**-e(n) oon khar-**deen** preth-**yo**so*

Thanks for your hospitality
Gracias por su hospitalidad
grath**-yas por soo ospeetalee-**dad

We'd like to come back
Nos gustaría volver
*nos goosta-**ree**ya bol**ber***

Enjoy your holiday!
¡Que disfrute(n) de sus vacaciones!
*ke dees-**froo**te(n) de soos baka-**thyo**nes*

It was nice seeing you again
Fue un placer verle(s)/ la(s) de nuevo
*fwe oon pla**ther** **ber**-le(s)/las(s) de **nwe**bo*

Please come and visit us
Por favor, venga(n) a visítarnos
*por fa**bor** **ben**-ga(n) a **bee**-see-tar-nos*

I've enjoyed myself very much
Lo he pasado muy bien
*lo e pa-**sa**-do mwee bien*

We must stay in touch
Tenemos que estar en contacto
*te-**ne**-mos ke es-**tar** en kon-**tak**-to*

Traditional Christmas celebrations mainly take place on the night of **Nochebuena,** *Christmas Eve. These include a large Christmas meal, going to Midnight Mass, and watching the seasonal message from the King on TV. Presents are traditionally given on* **los Reyes** *or* **el Día de Reyes** *(6th of January) but due to ever-increasing foreign influence some people also give presents on Christmas Day.*

I'd like to wish you a...
Le(Te) deseo que pase(s) un / unas...
*le (te) de**se**-o ke **pa**se(s) oon / **oo**nas...*

Merry Christmas!
¡Felices Pascuas! / ¡Feliz Navidad!
*fe**lee**-thes **pas**-kwas / fe**leeth** nabee-**dad***

Happy New Year!
¡Feliz Año (Nuevo)!
*fe**leeth** **an**-yo (**nwe**bo)*

Happy birthday!
¡Feliz cumpleaños! / ¡Felicidades!
*fe**leeth** koom-ple-**an**yos / feleethee-**da**des*

Have a good trip!
¡Buen viaje!
*bwen **bya**-khe*

Best wishes!
¡Felicidades!
*feleethee-**da**des*

Welcome!
¡Bienvenido(a)!
*byen-be-**nee**do(a)*

Enjoy your meal!
¡Que aproveche!
*ke a-pro**be**-che*

Thanks, and you too!
¡Gracias, igualmente!
***grath**-yas ee-gwal-**men**te*

Cheers!
¡Salud!
*sa**lood***

Congratulations! *(having a baby, getting married, etc.)*
¡Felicidades! / ¡Enhorabuena!
*feleethee-**da**des / en-ora-**bwe**na*

see also **MAKING FRIENDS ❐ LETTERS**

*In this section we have used the informal **tú** for the questions.*

What's your name?
¿Cómo te llamas?
__ko__mo te __lya__-mas

My name is...
Me llamo...
me __lya__-mo...

How old are you?
¿Cuántos años tienes?
__kwan__tos __a__-nyos __tyen__-es

I'm ... years old
Tengo ... años
__ten__go ... __a__-nyos

Are you Spanish?
¿Eres español(a)?
__e__-res espa-__nyol__(a)

I'm English / Scottish / Welsh
Soy inglés(a) / escocés(a) / galés(a)
soy een-__gles__(a) / esko-__thes__(a) / ga-__les__(a)

Where do you live?
¿Dónde vives?
__don__-de __bee__-bes

Where do you live? *(plural)*
¿Dónde vivís?
__don__-de bee-__bees__

I live in London
Vivo en Londres
__bee__bo en __lon__-dres

We live in Glasgow
Vivimos en Glasgow
bee__bee__-mos en __glas__gow

I'm still studying
Todavía estoy estudiando
toda-__bee__-a es__toy__ estoo-__dyan__-do

I work
Trabajo
tra__ba__-kho

I'm retired
Estoy jubilado(a)
es__toy__ khoobee-__la__do(a)

I'm...	**single**	**married**	**divorced**
Estoy...	soltero(a)	casado(a)	divorciado(a)
es__toy__...	*sol-__te__ro(a)*	*ka-__sa__do(a)*	*dee-bor-__thya__do(a)*

I have...	**a boyfriend**	**a girlfriend**	**a partner**
Tengo...	novio	novia	pareja
__ten__go...	*__no__byo*	*__no__bya*	*pa-__re__kha*

I have ... children
Tengo ... hijos
__ten__go ... __ee__khos

I have no children
No tengo hijos
no __ten__go __ee__khos

I'm here...	**on holiday**	**for work**
Estoy aquí...	de vacaciones	por razones de trabajo
es__toy__ a-__kee__...	*de baka-__thyo__-nes*	*por ra__tho__-nes de tra__ba__-kho*

see also WORK ❐ LEISURE/INTERESTS ❐ SPORT

What work do you do?
¿En qué trabaja?
*en ke tra**ba**-kha*

Do you enjoy it?
¿Le gusta?
*le **goo**sta*

I'm...	**a doctor**	**a teacher**	**a secretary**
Soy...	**médico(a)**	**profesor(a)**	**secretaria**
soy...	***med**-eeko(a)*	*pro-fe**sor**(a)*	*se-kre**ta**-rya*

I work in...	**a shop**	**a factory**	**a bank**
Trabajo en...	**una tienda**	**una fábrica**	**un banco**
*tra**ba**-kho en...*	*oona **tyen**da*	*oona **fa**-breeka*	*oon **ban**ko*

I work from home
Trabajo en casa
*tra**ba**-kho en **ka**sa*

I'm self-employed
Trabajo por cuenta propia
*tra**ba**-kho por **kwen**ta **pro**-pee-a*

I have been unemployed for... ...months
He estado en el paro... ...meses
*e es-**ta**do en el **pa**ro... ...**me**ses*

It's very difficult to get a job at the moment
Ahora es muy difícil encontrar trabajo
*a-**o**-ra es mwee dee-**fee**theel en-kon**trar** tra**ba**-kho*

What are your hours?
¿Cuáles son sus horas de trabajo?
***kwa**les son soos **o**-ras de tra**ba**-kho*

I work from 9 to 5
Trabajo de nueve a cinco
*tra**ba**-kho de **nwe**-be a **theen**ko*

from Monday to Friday
de lunes a viernes
*de **loo**-nes a **byer**-nes*

How much holiday do you get?
¿Cuánto tiempo tiene de vacaciones?
***kwan**to **tye**mpo **tyen**-e de baka-**thyo**-nes*

What do you want to be when you grow up?
¿Qué quieres ser de mayor?
*ke **kye**-res ser de ma-**yor***

see also **MAKING FRIENDS ☐ BUSINESS**

LOS CHUBASCOS *los choo-**bas**kos*	SHOWERS
DESPEJADO *despe**kha**do*	CLEAR
LA LLUVIA *la **lyoo**-beea*	RAIN
LA NIEBLA *la **nyeb**la*	FOG
NUBLADO *noo**bla**do*	CLOUDY

It's sunny
Hace sol
***a**-the sol*

It's raining
Está lloviendo
*es**ta** lyo-**byen**do*

It's snowing
Está nevando
*es**ta** ne-**ban**do*

It's windy
Hace viento
***a**-the **byen**to*

What a lovely day!
¡Qué día más bueno!
*ke **dee**-a mas **bwe**no*

What awful weather!
¡Qué tiempo tan malo!
*ke **tyem**po tan **ma**lo*

What will the weather be like tomorrow?
¿Qué tiempo hará mañana?
*ke **tyem**po a-**ra** ma-**nya**na*

Do you think it's going to rain?
¿Cree que va a llover?
kre**-e ke ba a lyo-**ber

Do I need an umbrella?
¿Necesito paraguas?
*ne-the-**see**to-**re** pa-**ra**gwas*

When will it stop raining?
¿Cuándo parará de llover?
kwan**do pa-ra**ra** de lyo-**ber

It's very hot
Hace mucho calor
a**-the **moo**cho ka**lor

Do you think there will be a storm?
¿Cree que va a haber tormenta?
***kre**-e ke ba a a-**ber** tor-**men**ta*

Do you think it will snow?
¿Le parece que va a nevar?
*le pa-**re**the ke ba a ne**bar***

What is the temperature?
¿Qué temperatura hace?
*ke tem-pera-**too**ra **a**-the*

see also **MAKING FRIENDS**

ENFRENTE (DE) *en-**fren**-te (de)*	**OPPOSITE (TO)**
AL LADO DE *al **la**do de*	**NEXT TO**
CERCA DE ***ther**ka de*	**NEAR TO**
EL SEMÁFORO *el se**ma**-foro*	**TRAFFIC LIGHTS**
EN LA ESQUINA *en la es-**kee**na*	**AT THE CORNER**

Excuse me, sir / madam!
¡Oiga, señor / señora!
***oy**ga se**nyor** / se-**nyo**ra*

How do I/we get to...?
¿Cómo se va a...?
***ko**mo se ba a...*

to the station
a la estación
*a la esta-**thyon***

to the Prado
al museo del Prado
*al moo-**se**-o del **pra**do*

to Sóller
a Sóller
*a **so**-lyer*

We're looking for...
Estamos buscando...
*es-**ta**mos boos-**kan**do...*

Is it far?
¿Está lejos?
*es**ta** **le**khos*

Can I/we walk there?
¿Se puede ir andando?
*se **pwe**-de eer an-**dan**do*

How do I/we get to the centre of (name town)**...?**
¿Cómo se va al centro de...?
***ko**mo se ba al **then**tro de...*

We're lost
Nos hemos perdido
*nos **e**-mos per-**dee**do*

Is this the right way to...?
¿Se va por aquí a...?
*se ba por a-**kee** a...*

Can you show me where it is on the map?
¿Puede indicarme dónde está en el mapa?
***pwe**-de een-dee**kar**-me **don**-de es**ta** en el **ma**pa*

■ YOU MAY HEAR

Después de pasar el puente
*des-**pwes** de pa**sar** el **pwen**-te*
After passing the bridge

Gire a la izquierda / derecha
***khee**re a la eeth-**kyer**da / de-**re**cha*
Turn left / right

Siga todo recto hasta llegar a...
***see**ga **to**do **rek**to **as**ta lye**gar** a...*
Keep straight on until you get to...

see also MAPS & GUIDES

*A **bonobús** card is usually valid for 10 journeys and must be stamped on board the bus. The word for coach is **el autocar**.*

Is there a bus to...?
¿Hay algún autobús que vaya a...?
__a__-ee al-__goon__ owto-__boos__ ke __ba__ya a...

Which bus goes to...?
¿Qué autobús va a...?
ke owto-__boos__ ba a...

Where do I catch the bus to...?
¿Dónde se coge el autobús para...?
__don__-de se __ko__-khe el owto-__boos__ para...

We're going to...
Vamos a...
__ba__mos a...

Where do they sell bonobus cards?
¿Dónde venden bonobuses?
__don__-de __ben__-den bono-__boos__es

How much is it...?
¿Cuánto es...?
__kwan__to es...

to the centre	**to the beach**	**to the airport**	**to Toledo**
al centro	a la playa	al aeropuerto	a Toledo
al __then__tro	*a la __pla__ya*	*al a-ero-__pwer__to*	*a to-__le__do*

How often are the buses to...?
¿Cada cuánto hay autobuses a...?
__ka__da __kwan__to __a__-ee owto-__boo__ses a...

When is the first / the last bus to...?
¿Cuándo sale el primer / el último autobús para...?
__kwan__do __sa__-le el pree-__mer__ / el __ool__-teemo owto-__boos__ para...

Please tell me when to get off
Por favor, ¿me dice cuándo tengo que bajarme?
por fa__bor__ me __dee__-the __kwan__do __ten__go ke ba__khar__-me

Please let me off
¿Me deja salir, por favor?
me __de__kha sa-__leer__ por fa__bor__

This is my stop
Me bajo en esta parada
me __ba__-kho en esta pa-__ra__da

■ YOU MAY HEAR

Este autobús no para en...
este owto-__boos__ no para en...
This bus doesn't stop in...

Tiene que coger el...
__tyen__-e ke ko-__kher__ el...
You have to catch the...

see also **METRO ❒ TAXI ❒ LUGGAGE**

*You can buy either **un metrobús**, which is valid for 10 journeys or **un abono de transporte**, which covers a month's travel on both bus and metro. A useful website is **www.metromadrid.es***

LA ENTRADA *la en**tra**da*	**ENTRANCE**
LA SALIDA *la sa-**lee**da*	**WAY OUT / EXIT**
EL ANDÉN *el an-**den***	**METRO LINE**

Where is the nearest metro station?
¿Dónde está la estación de metro más cercana?
*__don__-de es**ta** la esta-**thyon** de **me**tro mas ther-**ka**-na*

How does the ticket machine work?
¿Cómo funciona la máquina de billetes?
*__ko__mo foon-**thyo**na la **ma**-keena de bee-**lye**-tes*

A metrobus ticket please
Un metrobús, por favor
*oon metro-**boos** por fa**bor***

Do you have a map of the metro?
¿Tiene un plano del metro?
*__tyen__-e oon **pla**no del **me**tro*

How do I/we get to...?
¿Cómo se va a...?
__ko__mo se ba a...

What line is it for...?
¿Cuál es la línea para ir a...?
*kwal es la **lee**-ne-a para eer a...*

What is the next stop?
¿Cuál es la próxima parada?
*kwal es la **prok**-seema pa-**ra**da*

Please let me through
¿Me deja pasar, por favor?
*me **de**kha pa**sar** por fa**bor***

I'm going to...
Voy a...
boy a...

Do I have to change?
¿Tengo que cambiar de línea?
*__ten__go ke kam**byar** de **lee**-ne-a*

In which direction?
¿En qué dirección?
*en ke deerek-**thyon***

Excuse me!
¡Oiga, perdone!
*__oy__ga per**do**-ne*

I'm getting off here
Me bajo aquí
*me **ba**kho a-**kee***

see also **BUS & COACH ❐ TAXI ❐ LUGGAGE**

TRAIN

*There are three types of tickets on the high-speed AVE train – **Club**, **Preferente** and **Turista**. Prices vary according to time: **Punta** (peak), **Valle** (off-peak), and **Llano** (standard). A useful website is **www.renfe.com***

SENCILLO *sen-**thee**lyo*	SINGLE/ONE-WAY
IDA Y VUELTA ***ee**da ee **bwel**ta*	RETURN
EL HORARIO *el o-**rar**-yo*	TIMETABLE
SALIDAS *sa**lee**das*	DEPARTURES
LLEGADAS *lyeg-**ad**as*	ARRIVALS
DIARIO *dee-**ar**-yo*	DAILY

Where is the station?
¿Dónde está la estación?
don**-de esta la esta-**thyon

When is the next train to....?
¿Cuándo es el próximo tren para...?
***kwan**do es el **prok**-seemo tren para...*

Two return tickets to...
Dos billetes de ida y vuelta a...
*dos bee-**lye**-tes de **ee**da ee **bwel**ta a...*

Tourist class
De clase turista
*de **kla**se too-**ree**sta*

To the station, please
A la estación, por favor
*a la esta-**thyon** por fa**bor***

A single to...
Un billete de ida a...
*oon beel-**ye**-te de **ee**da a...*

Smoking / Non smoking
Fumador / No fumador
*fooma-**dor** / no fooma-**dor***

Is there a supplement to pay?
¿Hay que pagar suplemento?
***a**-ee ke pa**gar** soo-ple-**men**to*

I want to book a seat on the AVE to Seville
Quería reservar un asiento en el AVE a Sevilla
*ke-**ree**-a re-ser**bar** oon a-**syen**to en el **a**-be a se-**beel**ya*

When is the first / last train to...?
¿Cuándo es el primer / el último tren para...?
***kwan**do es el pree-**mer** / el **ool**-teemo tren para...*

Do I have to change?
¿Tengo que hacer transbordo?
__ten__go ke a-__ther__ trans-__bor__do

Where?
¿Dónde?
__don__-de

How long is there to get the connection?
¿Cuánto tiempo hay para el enlace?
__kwan__to __tyem__po __a__-ee para el en__la__-the

Which platform does it leave from?
¿De qué andén sale?
de ke an-__den__ __sa__-le

Is this the right platform for the train to...?
¿Sale de este andén el tren para...?
__sa__-le de __es__te an-__den__ el tren para...

Is this the train for...?
¿Es este el tren para...?
es __es__te el tren para...

When will it leave?
¿Cuándo saldrá?
__kwan__do sal__dra__

Why is the train delayed?
¿Por qué sale el tren con retraso?
por ke __sa__-le el tren kon re-__tra__so

Does the train stop at...?
¿Para el tren en...?
__pa__-ra el tren en...

When does it arrive in...?
¿Cuándo llega a...?
__kwan__do __lye__ga a...

Please let me know when we get to...
Por favor, ¿me avisa cuando lleguemos a...?
por fa__bor__ me a__bee__-sa __kwan__do lye-__ge__mos a...

Is there a buffet on the train?
¿Hay servicio de cafetería en el tren?
__a__-ee ser-__bee__thyo de ka-fe-te__ree__-a en el tren

Is this free? *(seat)*
¿Está libre?
es__ta__ __lee__bre

Excuse me
¡Perdón!
per-__don__

see also **LUGGAGE**

In most places taxis are plentiful, reliable and not very expensive. Prices may often be displayed at the taxi stand.

I need a taxi
Necesito un taxi
*ne-the-**see**to oon **tak**see*

Where is the taxi stand?
¿Dónde está la parada de taxis?
***don**-de es**ta** la pa-**ra**da de **tak**sees*

Please order me a taxi
Por favor, ¿me pide un taxi?
*por fa**bor** me **pee**de oon **tak**see*

straightaway
enseguida
*en-se**gee**-da*

for *(time)*
para las...
para las...

How much is the taxi fare...?
¿Cuánto cuesta ir en taxi...?
***kwan**to **kwes**ta eer en **tak**see...*

into town
al centro
*al **then**tro*

to the hotel
al hotel
*al o-**tel***

to the station
a la estación
*a la esta-**thyon***

to the airport
al aeropuerto
*al a-ero-**pwer**to*

to this address
a esta dirección
*a **es**ta deerek-**thyon***

Please take me/us to...
Me/Nos lleva a ..., por favor
*me/nos **lye**-ba a ... por fa**bor***

How much is it?
¿Cuánto es?
***kwan**to es*

Why are you charging me so much?
¿Cómo me cobra tanto?
***ko**mo me **ko**-bra **tan**to*

It's more than on the meter
Es más de lo que marca el contador
*es mas de lo ke **mar**ka el kon-ta**dor***

Keep the change
Quédese con la vuelta
***ke**-de-se kon la **bwel**ta*

Sorry, I don't have any change
Lo siento, no tengo nada de cambio
*lo **syen**to no **ten**go **na**da de **kam**byo*

I'm in a hurry
Tengo mucha prisa
***ten**go **moo**cha **pree**-sa*

Is it far?
¿Está lejos?
*es**ta le**khos*

see also **LUGGAGE ❒ BUS ❒ METRO**

LA TRAVESÍA *la tra-ve-**see**-a*	CROSSING
EL CRUCERO *el kroo**the**ro*	CRUISE
EL CAMAROTE *el kama-**ro**-te*	CABIN

When is the next boat / ferry to...?
¿Cuándo sale el próximo barco / ferry para...?
__kwan__do __sa__-le el __prok__-seemo __bar__ko / __fe__rry para...

Have you a timetable?
¿Tienen un horario?
__tyen__-en oon o-__ra__ryo

Is there a car ferry to...?
¿Hay ferry para coches a...?
__a__-ee ferry para __ko__-ches a...

How much is a ticket...?
¿Cuánto cuesta el billete...?
__kwan__to __kwes__ta el beel-__ye__-te...

single
de ida
de __ee__da

return
de ida y vuelta
de __ee__da ee __bwel__ta

A tourist ticket
Un billete de clase turista
oon beel-__ye__-te de __kla__-se too-__rees__ta

How much is the crossing for a car and ... people?
¿Cuánto cuesta un pasaje para ... personas y un coche?
__kwan__to __kwes__ta oon pa-__sa__khe para ... per-__so__nas ee oon __ko__-che

How long is the journey?
¿Cuánto dura el viaje?
__kwan__to __doo__ra el __bya__-khe

What time do we get to...?
¿A qué hora llegamos a...?
a ke __o__-ra lye-__ga__mos a...

Where does the boat leave from?
¿De dónde sale el barco?
de __don__-de __sa__-le el __bar__ko

When is the first / the last boat?
¿Cuándo sale el primer / el último barco?
__kwan__do __sa__-le el pree-__mer__ / el __ool__-teemo __bar__ko

Is there somewhere to eat on the boat?
¿Hay cafetería / restaurante en el barco?
__a__-ee ka-fete-__ree__-a / restow-__ran__-te en el __bar__ko

see also **LUGGAGE**

¿How do I get to the airport?
¿Cómo se va al aeropuerto?
***ko**mo se ba al a-ero-**pwer**-to*

To the airport, please
Al aeropuerto, por favor
*al a-ero-**pwer**-to por fa**bor***

I have to catch...
Tengo que coger...
***ten**go ke kho-**kher**...*

the ... o'clock flight to...
el vuelo de las ... para...
*el **bwe**lo de las ... para...*

Is there a bus to the airport?
¿Hay algún autobús al aeropuerto?
***a**-ee al-**goon** owto-**boos** al a-ero-**pwer**-to*

How do I/we get to the centre of *(name town)***...?**
¿Cómo se va al centro de...?
***ko**mo se ba al **then**tro de...*

Is there a bus to the city centre?
¿Hay algún autobús que vaya al centro?
***a**-ee al-**goon** owto-**boos** ke **ba**ya al **then**tro*

Where is the luggage for the flight from...?
¿Dónde está el equipaje del vuelo de...?
***don**-de es**ta** el ekee-**pa**-khe del **bwe**lo de...*

■ YOU MAY HEAR

El embarque se efectuará por la puerta número...
*el em**bar**-ke se efek-twa-**ra** por la **pwer**ta **noo**-mero...*
Boarding will take place at gate number...

Última llamada para los pasajeros del vuelo...
***ool**-tee-ma lya-**ma**-da para los pasa-**kher**os del **bwe**lo...*
Last call for passengers on flight number...

Su vuelo sale con retraso
*soo **bwe**-lo **sa**le kon re-**tra**so*
Your flight is delayed

see also **LUGGAGE ❐ BUS ❐ METRO ❐ TAXI**

With the single European Market, European Union (EU) citizens are subject only to highly selective spot checks and they can go through the blue customs channel when arriving from another EU country. There is no restriction, either by quantity or value, on goods purchased by travellers in another EU country provided they are ***for their own personal use*** *(guidelines have been published). If you are unsure of certain items, check with the customs officials as to whether payment of duty is required.*

UE *oo eh*	**EU**
LA ADUANA *la a-**dwa**na*	**CUSTOMS CONTROL**
EL PASAPORTE *el pasa-**por**-te*	**PASSPORT CONTROL**

Do I have to pay duty on this?
¿Tengo que pagar derechos de aduana por esto?
__ten__go ke pa__gar__ de-__re__chos de a-__dwa__na por __es__to

I bought this as a gift
He comprado esto para regalo
*e kom**pra**-do **es**to para re**ga**lo*

It is for my own personal use
Es para uso personal
*es para **oo**so perso-**nal***

We are on our way to... *(if in transit through a country)*
Estamos aquí de paso. Vamos a...
*es**ta**-mos a-**kee** de **pa**so **ba**mos a...*

The children are on this passport
Los niños están en este pasaporte
*los **nee**nyos es**tan** en **es**te pasa-**por**-te*

This is the baby's passport
Este es el pasaporte del pequeño
__es__te es el pasa-__por__-te del pe-__ken__yo

SENTIDO ÚNICO

one way

road (ahead) closed

road (ahead) closed for works

RECUERDE

reminder that a restriction is still in force

exit

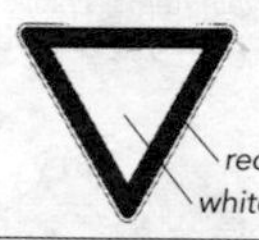

CEDA EL PASO

give way

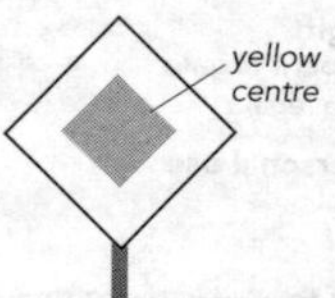

you have right of way

toll station for motorway

PELIGRO

danger

CURVAS PELIGROSAS

dangerous bends

JUEVES DE
8H–15H
MERCADILLO

no parking on Thursdays between 8am and 3pm. Street market

Urgencias ➤

Accident & Emergency

CENTRO CIUDAD ➤

town centre

This sign may also appear as 'Centro' and 'Centro ciudad'

Ayuntamiento

town hall

Desvío

diversion

Puerto

port

Playa

beach

NO ESTACIONAR

no stopping

NO APARCAR

no parking

ZONA PEATONAL

pedestrian zone

AUTOPISTA

motorway

P libre

spaces

P completo

full

north

Norte

Oeste

west

Este

east

Sur

south

AUTOVÍA

dual carriageway

EL PERMISO DE CONDUCIR	*el per-**mee**so de kondoo**theer***	DRIVING LICENCE
EL SEGURO	*el se-**goo**ro*	INSURANCE
LA MARCHA ATRÁS	*la **mar**cha at-**ras***	REVERSE GEAR

I want to hire a car
Quería alquilar un coche
*ke-**ree**-a alkee-**lar** oon **ko**-che*

for ... days / the weekend
para ... días / el fin de semana
*para ... **dee**-as / el feen de se-**ma**na*

What are your rates...?
¿Qué tarifas tienen...?
*ke ta-**ree**fas **tyen**-en...*

per day
por día
*por **dee**-a*

per week
por semana
*por se-**ma**na*

How much is the deposit?
¿Cuánto hay que dejar de depósito?
***kwan**to **a**-ee ke de**khar** de de**po**-seeto*

Is there a mileage (kilometre) charge?
¿Hay que pagar kilometraje?
***a**-ee ke pa**gar** keelo-me-**tra**khe*

How much?
¿Cuánto?
***kwan**to*

Is fully comprehensive insurance included in the price?
¿El seguro a todo riesgo va incluido en el precio?
*el se-**goo**ro a **to**do **rye**sgo ba eenkloo-**ee**-do en el **pre**thyo*

Do I have to return the car here?
¿Tengo que devolver el coche aquí mismo?
***ten**go ke debol-**ber** el **ko**-che a-**kee mee**smo*

By what time?
¿Para qué hora?
*para ke **o**-ra*

I'd like to leave it in...
Quisiera dejarlo en...
*kees-**ye**ra de**khar**-lo en...*

Can you show me how the controls work?
¿Me enseña cómo funcionan los mandos?
*me en-**se**nya **ko**mo foon-**thyo**-nan los **man**dos*

■ **YOU MAY HEAR**

Por favor, devuelva el coche con el depósito lleno
*por fa**bor** de-**bwel**ba el **ko**-che kon el de**po**-seeto **lye**no*
Please return the car with a full tank

see also **BREAKDOWN ❐ PETROL**

*The speed limits in Spain are 50 km/h in built-up areas, 90 km/h on ordinary roads and 120 km/h on **autovías** (dual carriageways) and **autopistas** (motorways). Some motorways are toll paying (**peaje**). Payment is due on completion of each section. A useful website for motorway information is **www.aseta.es***

Can I/we park here?
¿Se puede aparcar aquí?
*se **pwe**-de apar**kar** a-**kee***

Do I/we need a parking disk?
¿Hace falta tique de aparcamiento?
***a**-the **fal**-ta **tee**-ke de a-par-ka-**myen**-to*

How do I/we get to the motorway?
¿Por dónde se va la la autopista?
*por **don**-de se ba a la owto-**pees**ta*

Which junction is it for...?
¿Cuál es la salida de...?
*kwal es la sa-**lee**da de...*

Will the motorway be busy?
¿Habrá mucho tráfico en la autopista?
*a-**bra moo**cho **tra**-feeko en la owto-**pee**sta*

How long can I/we park for?
¿Cuánto tiempo se puede aparcar aquí?
kwan**to **tyem**-po se **pwe**do a-par-**kar** a-**kee

We're going to...
Vamos a...
***ba**-mos a...*

What's the best route?
¿Cuál es la mejor ruta?
*kwal es la me-**khor roo**-ta*

Is the road good?
¿Está bien la carretera?
*es**ta** byen la kar-re-**te**ra*

Do I/we need snow chains?
¿Hace falta usar cadenas?
***a**-the **fal**ta oo-**sar** ka-**de**-nas*

Is the pass open?
¿Está abierto el puerto?
*es**ta** a-**byer**to el **pwer**to*

see also **BREAKDOWN ❐ PETROL**

*Unleaded petrol pumps are always coloured green. The red **súper** is leaded petrol.*

SÚPER ***soo**per*	4 STAR
SIN PLOMO *seen **plo**mo*	UNLEADED
GASOIL / GASÓLEO *gazol/gas-**o**-leyo*	DIESEL
EL SURTIDOR *el sur-tee-**dor***	PETROL PUMP

Is there a petrol station near here?
¿Hay una estación de servicio por aquí cerca?
***a**-ee oona esta-**thyon** de ser-**bee**thyo por a-**kee therk**a*

Fill it up, please
Lleno, por favor
lye**no por fa**bor

Can you check the oil / the water?
¿Me revisa el aceite / el agua?
*me re**bee**-sa el a-**the**-ee-te / el **a**gwa*

...euros worth of unleaded petrol
...euros de gasolina sin plomo
*...e-**oo**ros de gaso-**lee**na seen **plo**mo*

Where is...?
¿Dónde está...?
***don**-de es**ta**...*

the air line
el aire
*el a-**ee**-re*

the water
el agua
*el **a**gwa*

Can you check the tyre pressure, please?
¿Me revisa la presión de los neumáticos, por favor?
*me re**bee**-sa la pre-**syon** de los ne-oo-**ma**tee-kos por fa**bor***

Please fill this can with petrol
Por favor, ¿me llena esta lata de gasolina?
*por fa**bor** me **lye**na **es**ta **la**ta de gaso-**lee**na*

Can I pay with this credit card?
¿Puedo pagar con esta tarjeta de crédito?
***pwe**do pa**gar** kon **es**ta tar-**khe**ta de **kre**-deeto*

■ **YOU MAY HEAR**

¿Qué surtidor ha usado?
*ke soor-tee-**dor** a oo**sa**-do*
Which pump did you use?

see also **DRIVING**

Can you help me?
¿Puede ayudarme?
pwe-de ayoo-darme

The car won't start
El coche no arranca
el ko-che no arran-ka

I've run out of petrol
Me he quedado sin gasolina
me e ke-dado seen gaso-leena

The engine is overheating
El motor se calienta
el motor se ka-lyenta

My car has broken down
Se me ha averiado el coche
se me a abe-ryado el ko-che

Can you give me a push?
¿Puede empujarme?
pwe-de em-pookharme

Is there a garage near here?
¿Hay un taller por aquí cerca?
a-ee oon tal-yer por a-kee therka

The battery is flat
Se ha descargado la batería
se a deskar-gado la ba-teree-a

I need water
Necesito agua
ne-the-seeto agwa

It's leaking...
Pierde...
pyer-de...

petrol / oil / water
gasolina / aceite / agua
gaso-leena / athe-ee-te / agwa

I've a flat tyre
Tengo una rueda pinchada
tengo oona rweda peen-chada

I can't get the wheel off
No puedo quitar la rueda
no pwedo keetar la rweda

Can you tow me to the nearest garage?
¿Puede remolcarme hasta el taller más cercano?
pwe-de remol-karme asta el tal-yer mas therkano

Do you have parts for a (make of car)**...?**
¿Tiene repuestos para el...?
tyen-e re-pwestos para el...

The ... doesn't work properly (see CAR–PARTS)
El/La ... no funciona bien
el/la ... no foon-thyona byen

Can you replace the windscreen?
¿Me puede cambiar el parabrisas?
me pwe-de kambyar el para-breesas

The ... doesn't work	The ... don't work
El/La ... no funciona	Los/Las ... no funcionan
*el/la ... no foon-**thyo**na*	*los/las ... no foon-**thyo**-nan*

accelerator	**el acelerador**	*a-the-lera-**dor***
battery	**la batería**	*ba-te**ree**-a*
bonnet	**el capó**	*ka**po***
brakes	**los frenos**	***fre**nos*
choke	**el stárter**	*es**tar**-ter*
clutch	**el embrague**	*em**bra**-ge*
distributor	**el distribuidor**	*deestree-bwee**dor***
engine	**el motor**	*mo**tor***
exhaust pipe	**el tubo de escape**	***too**bo de es**ka**-pe*
fuse	**el fusible**	*foo**see**-ble*
gears	**las marchas**	***mar**chas*
handbrake	**el freno de mano**	***fre**no de **ma**no*
headlights	**los faros**	***fa**ros*
ignition	**el encendido**	*enthen-**dee**do*
indicator	**el intermitente**	*eenter-mee**ten**-te*
points	**los platinos**	***pla**-teenos*
radiator	**el radiador**	*radya-**dor***
rear lights	**los pilotos**	*pee-**lo**tos*
seat belt	**el cinturón de seguridad**	*theen-too-**ron** de se-goo-ree-**dad***
spare wheel	**la rueda de repuesto**	***rwe**da de re**pwes**to*
spark plugs	**las bujías**	*boo**khee**-as*
steering	**la dirección**	*deerek-**thyon***
steering wheel	**el volante**	*bo**lan**-te*
tyre	**el neumático**	*ne-oo-**ma**-teeko*
wheel	**la rueda**	***rwe**da*
windscreen	**el parabrisas**	*para-**bree**sas*
windscreen washer	**el lavaparabrisas**	*laba-para-**bree**sas*
windscreen wiper	**el limpiaparabrisas**	*leempya-para-**bree**sas*

see also **BREAKDOWN ❐ PETROL**

If you haven't booked your accommodation, check with the local tourist office to see if they have a list of hotels and guesthouses.

Fecha de entrada *date of arrival*	☐	**(DD/MM/AA)** *(dd/mm/yy)*	
Fecha de salida *date of departure*	☐	**(DD/MM/AA)** *(dd/mm/yy)*	
Duración de la estancia *duration of stay*	☐	**Nº de noches** *number of nights*	
Nº de adultos *number of adults* ☐		**Nº de niños** *number of children* ☐	
Tipo de habitación *type of room*	**individual** *single* ☐	**cama de matrimonio** *double bed* ☐	
	doble *double* ☐		
	triple *family* ☐	**dos camas** *twin beds* ☐	

I'd like to book a room...
Quería reservar una habitación...
*ke-**ree**-a re-ser**bar** oona abeeta-**thyon**...*

Do you have a room for tonight?
¿Tiene una habitación para esta noche?
***tyen**-e oona abeeta-**thyon** para **es**ta **no**-che*

double	**single**	**with bath**	**with shower**
doble	individual	con baño	con ducha
***do**-ble*	*eendee-bee**dwal***	*kon **ban**yo*	*kon **doo**cha*

with a double bed	**twin-bedded**
con cama de matrimonio	con dos camas
*kon **ka**ma de matree-**mo**nyo*	*kon dos **ka**mas*

We'd like to stay ... nights	**from ... till...**
Quisiéramos quedarnos ... noches	del ... al...
*kee-**sye**-ramos ke**dar**-nos ... **no**-ches*	*del ... al...*

cont...

How much is it...?
¿Qué precio tiene...?
ke ***pre****thyo* ***tyen****-e...*

per night
por noche
por ***no****-che*

per week
por semana
*por se-****ma****na*

for half board
con media pensión
kon ***med****ya pen****syon***

full board
con pensión completa
*kon pen****syon*** *kom-****ple****ta*

with breakfast
con desayuno
*kon desa-****yoo****no*

I will confirm...
Se lo confirmaré...
*se lo konfeer-ma-****re****...*

by e-mail
por e-mail
por ***ee****-meyl*

by fax
por fax
por faks

Is breakfast included?
¿Está incluido el desayuno?
*es****ta*** *eenkloo-****ee****do el desa-****yoo****no*

Is there room service?
¿Hay servicio de habitaciones?
a*-ee ser****bee****-thyo de abeetath-****yo****nes*

Can I see the room?
¿Puedo ver la habitación?
pwe*do ber la abeeta-****thyon***

Have you anything cheaper?
¿Tiene algo más barato?
tyen*-e* ***al****go mas ba-****ra****to*

Can you suggest somewhere else?
¿Sabe usted de algún otro sitio?
sa*be oos****ted*** *de al-****goon*** ***o****-tro* ***see****-tyo*

■ YOU MAY HEAR

Está todo ocupado
*es****ta*** ***to****do okoo-****pa****do*
We're full up

¿Para cuántas noches?
para ***kwan****tas* ***no****-ches*
For how many nights?

¿Su nombre, por favor?
soo ***nom****-bre por fa****bor***
Your name, please?

Por favor confírmelo...
*por fa****bor*** *kon****feer****-melo...*
Please confirm...

por escrito
*por es****kree****-to*
by letter

por fax
por faks
by fax

You may be required to fill in a registration form and give your passport number.

I booked a room...
Tengo una habitación reservada...
tengo oona abeeta-thyon reser-bada...

in the name of...
a nombre de...
a nom-bre de...

I'd like to see the room
Quisiera ver la habitación
kees-yera ber la abeeta-thyon

Have you anything else?
¿No tiene otra cosa?
no tyen-e otra kosa

Where can I park the car?
¿Dónde puedo aparcar el coche?
don-de pwedo apar-kar el ko-che

What time is...?
¿A qué hora es...?
a ke o-ra es...

dinner
la cena
la thena

breakfast
el desayuno
el desa-yoono

We'll be back late tonight
Esta noche vamos a volver tarde
esta no-che bamos a bol-ber tarde

Do you lock the door?
¿Cierran ustedes la puerta?
thye-rran oos-tedes la pwerta

The key for room number...
¿Me da la llave de la habitación...?
me da la lya-be de la abeeta-thyon...

Can you keep this in the safe, please?
Por favor ¿puede dejar esto en la caja fuerte?
por fabor pwe-de de-khar esto en la ka-kha fwer-te

Are there any messages for me?
¿Hay algún mensaje para mí?
a-ee al-goon mensa-khe para mee

I'm leaving tomorrow
Me voy mañana
me boy ma-nyana

Please prepare the bill
¿Me prepara la cuenta, por favor?
me pre-para la kwenta por fabor

Can I leave my luggage until...?
¿Puedo dejar el equipaje hasta...?
pwedo dekhar el ekee-pakhe asta...

Local tourist offices should have ***una guía de campings*** *with prices.*

Do you have a list of campsites?
¿Tiene una guía de campings?
***tyen**-e oona **gee**-a de **kam**peens*

Is the campsite in a sheltered place?
¿Está el camping en un sitio resguardado?
*es**ta** el **kam**peen en oon **see**tyo res-gwar**da**-do*

How far is the beach?
¿A qué distancia está la playa?
*a ke dees**tan**-thya es**ta** la **pla**ya*

Is there a restaurant on the campsite?
¿Hay restaurante en el camping?
***a**-ee re-stow-**ran**te en el **kam**peen*

Do you have any vacancies?
¿Tienen plazas libres?
***tyen**-en **plath**as **lee**bres*

Is hot water included in the price?
¿El agua caliente va incluida en el precio?
*el **a**gwa kal**yen**-te ba eenkloo-**ee**-da en el **pre**thyo*

Is electricity included in the price?
¿La electricidad va incluida en el precio?
*la elek-treethee-**dad** ba eenkloo-**ee**-da en el **pre**thyo*

We'd like to stay for ... nights
Quisiéramos quedarnos ... noches
*kee-**sye**-ramos ke**dar**-nos ... **no**-ches*

How much is it per night...?	**for a tent**	**per person**
¿Cuánto cuesta por noche...?	**por tienda**	**por persona**
***kwan**to **kwes**ta por **no**-che...*	*por **tyen**-da*	*por per-**so**na*

Can we camp here overnight? *(for tent)*
¿Podemos acampar aquí para pasar la noche?
*po-**de**mos akam-**par** a-**kee** para pa**sar** la **no**-che*

 see also **SIGHTSEEING & TOURIST OFFICE**

If you arrive with no accommodation and want to go self-catering, look for signs ***Alquiler de Apartamentos*** *(apartments for rent).*

Can we have an extra set of keys?
¿Puede darnos otro juego de llaves?
***pwe**do **dar**nos **o**-tro **jwe**-go de **lya**-bes*

When does the cleaner come?
¿Cuándo viene la limpiadora?
***kwan**do **bye**-ne la leempya-**dor**a*

Who do we contact if there are problems?
¿A quién avisamos si hay algún problema?
*a kyen a-**bee**-samos see **a**-ee al-**goon** pro-**ble**ma*

How does the heating work?
¿Cómo funciona la calefacción?
ko**mo foon-**thyo**na la kalefak-**thyon

Is there always hot water?
¿Hay agua caliente siempre?
***a**-ee **a**-gwa kal**yen**-te **syem**-pre*

Where is the nearest supermarket?
¿Dónde está el supermercado más cercano?
***don**-de es**ta** el sooper-mer-**ka**do **mas** ther**ka**no*

Where do we leave the rubbish?
¿Dónde se deja la basura?
***don**-de se **de**kha la ba**soo**ra*

When is the rubbish collected?
¿Cuándo recogen la basura?
***kwan**do re-**ko**kehn la ba**soo**ra*

Where is the bottle bank?
¿Dónde está el contenedor para reciclar vidrío?
***don**-de es**ta** el kon-tene**dor** para re-thee-**klar** **beed**-reeyo*

What are the neighbours called?
¿Cómo se llaman los vecinos?
***ko**mo se **lya**man los be-**thee**-nos*

see also **SIGHTSEEING & TOURIST OFFICE**

SHOPPING PHRASES

Most shops close for lunch approx. 1.30 to 4.30 pm and stay open till about 8.30 pm. Department stores remain open all day.

Where is...?
¿Dónde está...?
__don__-de es__ta__

Where can I buy...?
¿Dónde puedo comprar...?
__don__-de __pwe__do kom__prar__...

I'm looking for a present for...
Estoy buscando un regalo para...
estoy boos-__kan__do oon re-__ga__lo para...

Do you have...?
¿Tiene...?
__tyen__-e...

toys	**gifts**
juguetes	regalos
khoo-__ge__-tes	*re-__ga__los*

my mother	**a child**
mi madre	un niño
mee __ma__dre	*oon __nee__nyo*

Can you recommend any good shops?
¿Puede recomendarme alguna tienda buena?
__pwe__-de reko-men__dar__-me al-__goo__na __tyen__da __bwe__na

Which floor are shoes on?
¿En qué planta están los zapatos?
en ke __plan__ta es__tan__ los tha-__pa__tos

Where is the lingerie department?
¿Dónde está la sección de lencería?
__don__-de es__ta__ la sek-__thyon__ de len-__the__rya

It's too expensive for me
Me resulta demasiado caro
me re-__sool__ta dema-__sya__do __ka__ro

Have you anything else?
¿No tiene otra cosa?
no __tyen__-e __o__-tra __ko__sa

Is there a market/street market?
¿Hay mercado/mercadillo?
__a__-ee mer-__ka__do/merka-__deel__yo

Which day?
¿Qué día?
ke __dee__-a

■ YOU MAY HEAR

¿Qué desea?
ke de__se__-a
Can I help you?

¿Algo más?
__al__go mas
Would you like anything else?

see also **SHOPS ❐ FOOD ❐ CLOTHES ❐ POST OFFICE**

LIQUIDACIÓN / REBAJAS	*leekeeda-**thyon**/re-**ba**khas*	SALE / REDUCTIONS
HOY ABIERTO HASTA LAS...	*hoy ab-**yer**to **as**ta las...*	OPEN TODAY TILL...

baker's	**panadería** *pana-de**ree**-a*
bookshop	**librería** *lee-bre**ree**-a*
butcher's	**carnicería** *karnee-the-**ree**-a*
cake shop	**pastelería/confitería** *pastele-**ree**-a*
clothes *(women's)*	**ropa de señora** ***ro**pa de se-**nyo**ra*
clothes *(men's)*	**ropa de caballero** ***ro**pa de kabal-**lye**ro*
clothes *(children's)*	**ropa de niños** ***ro**pa de **neen**yos*
dry-cleaner's	**tintorería/limpieza en seco** *teento-re**ree**-a/ leem-**pye**-tha en **se**ko*
sweet shop	**tienda de golosinas/chucherías** ***tyen**da de go**lo**seenas/chooche**ree**yas*
fishmonger's	**pescadería** *peska-de**ree**-a*
furniture	**muebles** ***mwe**bles*
gifts	**regalos** *re-**ga**los*
greengrocer's	**frutería** *froo-te**ree**-a*
grocer's	**tienda de ultra-comestibles** ***tyen**da de ooltra-komes-**tee**-bles*
hairdresser's	**peluquería** *peloo-ke**ree**-a*
health food shop	**alimentos naturales** *alee-**men**tos natoo-**ra**les*
household *(goods)*	**hogar/menaje** *ho**gar**/me-**na**khe*
ironmonger's	**ferretería** *fe-rrete-**ree**-a*
jeweller's	**joyería** *kho-ye**ree**-a*
pharmacy	**farmacia** *far-**ma**thya*
self-service	**autoservicio** *owto-ser**bee**-thyo*
shoe shop	**zapatería** *tha-pa-te**ree**-a*
shop	**tienda** ***tyen**da*
sports shop	**deportes** *de-**por**tes*
stationer's	**papelería** *pa-pe-le**ree**-a*
supermarket	**supermercado** *soo-permer-**ka**do*
tobacconist's	**estanco** *es-**tan**ko*
toys	**juguetes** *khoo-**ge**tes*

see also **SHOPPING PHRASES ❐ FOOD ❐ CLOTHES**

biscuits	**las galletas**	*gal-**ye**tas*
bread	**el pan**	*pan*
bread *(brown)*	**el pan integral**	*pan een-te**gral***
bread roll	**el panecillo**	*pa-ne-**thee**lyo*
butter	**la mantequilla**	*man-te-**kee**-lya*
cereal	**los cereales**	*the-re-**a**-les*
cheese	**el queso**	***ke**so*
chicken	**el pollo**	***po**lyo*
coffee *(instant)*	**el café (instantáneo)**	*ka-**fe** (eenstan-**tan**e-o)*
cream	**la nata**	***na**ta*
crisps	**las patatas fritas**	*pa-**ta**tas **free**tas*
eggs	**los huevos**	***we**bos*
flour	**la harina**	*a-**ree**na*
ham *(cooked)*	**el jamón de York**	*kha**mon** de york*
ham *(cured)*	**el jamón serrano**	*kha**mon** se-**rra**no*
herbal tea	**la infusión**	*een-foo-**syon***
honey	**la miel**	*myel*
jam	**la mermelada**	*mer-me**la**-da*
margarine	**la margarina**	*marga-**ree**na*
marmalade	**la mermelada de naranja**	*mer-me**la**-da de na-**ran**kha*
milk	**la leche**	***le**-che*
mustard	**la mostaza**	*mos-**ta**tha*
olive oil	**el aceite de oliva**	*a-**the**-ee-te de o-**lee**ba*
orange juice	**el zumo de naranja**	***thoo**mo de na-**ran**kha*
pepper	**la pimienta**	*pee-**myen**ta*
rice	**el arroz**	*a-**rroth***
salt	**la sal**	*sal*
stock cube	**el cubito de caldo**	*koo-**bee**to de **kal**do*
sugar	**el azúcar**	*a-**thoo**kar*
tea	**el té**	*te*
tin of tomatoes	**la lata de tomate**	***la**ta de to-**ma**te*
vinegar	**el vinagre**	*bee**na**-gre*
yoghurt	**el yogur**	*yo**goor***

 see also **MEASUREMENTS & QUANTITIES**

■ FRUIT

apples	las manzanas	*man-**tha**nas*
apricots	los albaricoques	*alba-ree**ko**-kes*
bananas	los plátanos	***pla**-tanos*
cherries	las cerezas	*the-**re**thas*
grapefruit	el pomelo	*po-**me**lo*
grapes	las uvas	***oo**-bas*
lemon	el limón	*lee-**mon***
melon	el melón	*me-**lon***
nectarines	las nectarinas	*nekta-**ree**nas*
oranges	las naranjas	*na-**ran**khas*
peaches	los melocotones	*melo-ko**to**-nes*
pears	las peras	***pe**ras*
pineapple	la piña	***pee**nya*
plums	las ciruelas	*thee-**rwe**las*
raspberries	las frambuesas	*fram-**bwe**sas*
strawberries	las fresas	***fre**sas*
watermelon	la sandía	*san-**dee**-a*

■ VEGETABLES

asparagus	los espárragos	*es**pa**-rragos*
carrots	las zanahorias	*thana-**o**-ryas*
cauliflower	la coliflor	*kolee-**flor***
courgettes	los calabacines	*kala-ba**thee**-nes*
French beans	las judías verdes	***khoo**dee-as **ber**-des*
garlic	el ajo	***a**-kho*
leeks	los puerros	***pwe**rros*
lettuce	la lechuga	*le-**choo**ga*
mushrooms	los champiñones	*champee-**nyo**-nes*
onions	las cebollas	*the-**bol**yas*
peas	los guisantes	*gee**san**-tes*
peppers	los pimientos	*pee-**myen**tos*
potatoes	las patatas	*pa-**ta**tas*
spinach	las espinacas	*espee-**na**kas*
tomatoes	los tomates	*to**ma**-tes*

Size for clothes is ***la talla****. Size for shoes is* ***el número***

women

sizes	
UK	EC
8	36
10	38
12	40
14	42
16	44
18	46

men – suits

sizes	
UK	EC
36	46
38	48
40	50
42	52
44	54
46	56

shoes

sizes			
UK	EC	UK	EC
2	35	7	41
3	36	8	42
4	37	9	43
5	38	10	44
6	39	11	45

May I try this on?
¿Puedo probarme esto?
__pwe__do pro__bar__-me __es__to

Where are the changing rooms?
¿Dónde están los probadores?
__don__-de es__tan__ los proba-__do__-res

I take size 42 *(clothes)*
Uso la cuarentaidós
__oo__so la kwarenta-ee__dos__

I take size 39 *(shoes)*
Uso el treintainueve
__oo__so el tre-eenta-een__we__be

It doesn't fit me
No me queda bien
no me __ke__da byen

Have you a bigger / smaller size?
¿Tiene una talla mayor / menor?
__tyen__-e oona __ta__lya ma-__yor__ / me__nor__

Do you have this...?
¿Tiene esto...?
__tyen__-e __es__to...

in my size
en mi talla
en mee __ta__lya

in other colours
en otros colores
en __o__-tros ko__lo__-res

I'd like to return...
Quiero devolver...
__kye__ro debol__ber...__

Can I have my money back?
¿Me devuelven el dinero?
me de-__bwel__ben el dee-__ne__ro

I'm just looking
Solo estoy mirando
__so__lo es__toy__ mee-__ran__do

I'll take it
Me lo llevo
me lo __lye__vo

see also **SHOPPING ❒ PAYING ❒ NUMBERS**

belt	**el cinturón**	*theentoo-**ron***
blouse	**la blusa**	***bloo**sa*
bra	**el sujetador**	*soo-khe-ta**dor***
coat	**el abrigo**	*a-**bree**go*
dress	**el vestido**	*bes-**tee**do*
gloves	**los guantes**	***gwan**-tes*
hat	**el sombrero**	*som-**bre**ro*
hat *(woollen)*	**el gorro**	***go**-rro*
jacket	**la chaqueta**	*cha-**ke**ta*
jeans	**los vaqueros**	*ba-**ke**ros*
knickers	**las bragas**	***bra**gas*
nightdress	**el camisón**	*kamee-**son***
pyjamas	**el pijama**	*pee-**kha**ma*
raincoat	**el chubasquero**	*choobas-**ke**ro*
sandals	**las sandalias**	*san**da**-lyas*
scarf *(silk)*	**el pañuelo**	*pa-**nwe**lo*
scarf *(wool)*	**la bufanda**	*boo-**fan**da*
shirt	**la camisa**	*ka-**mee**sa*
shorts	**los pantalones cortos**	*panta-**lo**-nes **kor**tos*
skirt	**la falda**	***fal**da*
slippers	**las zapatillas**	*thapa-**tee**lyas*
socks	**los calcetines**	*kal-the**tee**-nes*
suit	**el traje**	***tra**-khe*
swimsuit	**el traje de baño/el bañador**	***tra**-khe de **ba**nyo/banya-**dor***
tie	**la corbata**	*kor-**ba**ta*
tights	**las medias**	***me**dyas*
tracksuit	**el chándal**	***chan**dal*
trousers	**los pantalones**	*panta-**lo**-nes*
t-shirt	**la camiseta**	*kamee-**se**ta*
underpants	**los calzoncillos**	*kalthon-**thee**lyos*
zip	**la cremallera**	*krema-**lye**ra*

see also **SHOPPING ❒ SHOPPING PHRASES ❒ PAYING**

Have you...?	**a map of** *(name town)*	**a map of the region**
¿Tiene...?	un plano de...	un mapa de la zona
***tyen**-e...*	*oon **pla**no de...*	*oon **ma**pa de la **tho**na*

Can you show me where ... is on the map?
¿Puede indicarme en el mapa dónde está...?
***pwe**-de eendee-**kar**-me en el **ma**pa **don**-de es**ta**...*

Do you have a detailed map of the area?
¿Tiene algún mapa detallado de la zona?
***tyen**-e al-**goon** **ma**pa deta-**lya**do de la **tho**na*

Can you draw me a map?
¿Me puede hacer un plano?
*me **pwe**-de a-**ther** oon **pla**no*

Do you have a guide book / a leaflet in English?
¿Tiene alguna guía / algún folleto en inglés?
tyen**-e al-**goo**na **gee**-a / al-**goon** fo**lye**-to en een-**gles

I'd like the English language version *(of a cassette guide)*
Quisiera la versión inglesa (del casete)
*kees-**ye**ra la ver-**syon** een-**gle**-sa (del ka-**se**te)*

Where can I/we buy an English newspaper?
¿Dónde se pueden comprar periódicos ingleses?
***don**-de se **pwe**-den kom**prar** peree-**o**-deekos een-**gle**-ses*

Do you have any English newspapers / novels?
¿Tiene periódicos ingleses / novelas inglesas?
***tyen**-e peree-**o**-deekos een-**gle**-ses / no**be**-las een-**gle**-sas*

When do the English newspapers arrive?
¿Cuándo llegan los periódicos ingleses?
***kwan**do **lye**-gan los peree-**o**-deekos een-**gle**-ses*

Please reserve *(name newspaper)* **for me**
¿Me reserva el..., por favor?
*me re-**ser**ba el... por fa**bor***

 see also **ASKING THE WAY ❐ SIGHTSEEING**

Main Post Offices are open in the mornings (9 am to 1 pm) and late afternoons (5 to 7 pm) Mon. to Fri., and until 2 pm on Saturdays.

(LA OFICINA DE) CORREOS *(la ofee-**thee**na de) ko-**rre**-os*	POST OFFICE
EL BUZÓN *el boo-**thon***	POSTBOX
LOS SELLOS *los **se**lyos*	STAMPS

Do you sell stamps?
¿Venden sellos?
***ben**-den **se**lyos*

priority post
correo urgente
*ko-**rre**-os oor-**khen**-te*

Is there a post office near here?
¿Hay una oficina de Correos por aquí cerca?
***a**-ee oon ofee-**thee**na de ko-**rre**-os por a-**kee ther**ka*

Can I have stamps for ... postcards to Great Britain
Me da sellos para ... postales para Gran Bretaña
*me da **se**lyos para ... pos**ta**-les para gran bre-**ta**nya*

I want to send this letter registered post
Quiero mandar esta carta certificada
***kye**ro man**dar es**ta **kar**ta thertee-fee**ka**-da*

How much is it to send this parcel?
¿Cuánto cuesta mandar este paquete?
***kwan**to **kwes**ta man**dar es**te pa-**ke**-te*

by air / by priority post
por avión / por correo urgente
*por a-**byon** / por ko-**rre**-o oor-**khen**-te*

How long will it take?
¿Cuánto tarda en llegar?
kwan**to **tar**da en lye**gar

It's a gift
Es un regalo
*es oon re-**ga**lo*

The value of contents is ... euros
El valor es de ... euros
*el ba**lor** es de ... e-**oo**ros*

■ YOU MAY HEAR

Rellene este impreso
*re-**lye**ne **es**te eem-**pre**so*
Fill in this form

see also **MONEY ❐ PAYING**

You can usually get good prices in specialist photographic shops, particularly for camcorder equipment.

Where can I buy tapes for a camcorder?
¿Dónde venden cintas para videocámaras?
__don__-de __ben__-den __theen__tas para beedeo-__ka__maras

A colour film
Un carrete en color
oon ka-__rre__-te en ko__lor__

with 24 / 36 exposures
de 24 / 36 fotos
de be-eentee-__kwa__tro / __tre__-eenta-ee-__se__-ees __fo__tos

A video tape for this camcorder
Una cinta para esta videocámara
oona __theen__ta para __es__ta beedeo-__ka__mara

Have you batteries...?
¿Tiene pilas...?
__tyen__-e __pee__las...

for this camera / this camcorder
para esta cámara / esta videocámara
para __es__ta __ka__-mara / esta beedeo-__ka__mara

Can you develop this film?
¿Pueden revelar este carrete?
__pwe__-den re-be__lar es__te ka-__rre__-te

How much will it be?
¿Cuánto me va a costar?
__kwan__to me ba a kos__tar__

I'd like mat / glossy prints
Quería las copias en mate / en brillo
ke-__ree__-a las __ko__pyas en __ma__te / en __bree__-lyo

When will the photos be ready?
¿Para cuándo estarán las fotos?
para __kwan__do esta-__ran__ las __fo__tos

The film is stuck
El carrete se ha atascado
el ka-__rre__-te se a atas-__ka__do

Can you take it out for me?
¿Puede sacármelo usted?
__pwe__-de sa__kar__-me-lo oos__ted__

Is it OK to take pictures here?
¿Se pueden hacer fotos aquí?
se __pwe__-den a-__ther fo__tos a-__kee__

Would you take a picture of us, please?
¿Podría hacernos una foto, por favor?
po-__dree__-a a-__ther__nos oona __fo__to por fa__bor__

see also **SHOPPING**

*The tourist office is called **la oficina de turismo**. If you are looking for somewhere to stay they should have details of hotels, campsites, etc. They also have free maps. Monday is not a good day for visiting museums as this is the day of the week that they generally close.*

Where is the tourist office?
¿Dónde está la oficina de turismo?
__don__-de es__ta__ la ofee-__thee__na de too-__ree__smo

What can we visit in the area?
¿Qué podemos visitar en la zona?
ke po-__de__mos bee-see__tar__ en la __tho__na

Have you any leaflets?
¿Tiene algún folleto?
__tyen__-e al-__goon__ fo-__lye__to

When can we visit the...?
¿Cuándo se puede visitar el/la...?
__kwan__do se __pwe__-de beesee__tar__ el/la...

We'd like to go to...
Nos gustaría ir a...
nos goosta-__ree__-a eer a...

Are there any excursions?
¿Hay alguna excursión organizada?
__a__-ee al-__goo__na exkoor-__syon__ or-ganee-__tha__da...

When does it leave?
¿A qué hora sale?
a ke __o__-ra __sa__-le

Where does it leave from?
¿De dónde sale?
de __don__-de __sa__-le

How much does it cost to get in?
¿Cuánto cuesta entrar?
__kwan__to __kwes__ta en-__trar__

Are there any reductions for...?
¿Hacen descuento a...?
__a__-then des-__kwen__to a...

children	**students**	**unemployed**	**senior citizens**
los niños	los estudiantes	los parados	los jubilados
los __nee__nyos	*los estoo-__dyan__-tes*	*los pa-__ra__dos*	*los khoo-bee__la__dos*

see also **MAPS & GUIDES ❒ LEISURE/INTERESTS**

*In large cities you can often find **La Guía del Ocio**, a magazine listing events and entertainment. Newspapers usually carry a page called **Agenda cultural** with local events.*

What is there to do in the evenings?
¿Qué se puede hacer por las noches?
*ke se **pwe**-de a-**ther** por las **no**-ches*

Is there anything for children?
¿Hay algo para los niños?
***a**-ee **al**go para los **nee**nyos*

Where is there a play park?
¿Dónde hay un parque para los niños?
***don**-de **a**-ee oon **par**-ke para los **nee**nyos*

Where can I/we get tickets...?
¿Dónde se sacan las entradas...?
***don**-de se **sa**kan las en-**tra**das...*

for tonight
para esta noche
*para esta **no**-che*

for the show
para la función
*para la foon-**thyon***

for the football match
para el partido de fútbol
*para el par-**tee**do de **foot**-bol*

I'd like ... tickets
Quisiera ... entradas
*kees-**ye**ra ... en-**tra**das*

...adults
...para mayores
*...para ma-**yo**-res*

...children
...para niños
*...para **neen**yos*

Where can we go dancing?
¿Adónde podemos ir a bailar?
*a-**don**-de po**de**-mos eer a ba-**ee**lar*

What time does it open?
¿A qué hora abren?
*a ke **o**-ra **a**-bren*

How much is it to get in?
¿Cuánto cuesta entrar?
kwan**to **kwes**ta en-**trar

■ **YOU MAY HEAR**

La entrada cuesta ... euros con derecho a consumición
*la en-**tra**da **kwes**ta ... e-**oo**ros kon de-**re**cho a konsoomee-**thyon***
It costs ... euros to get in including a free drink

 see also **MUSIC ❐ CINEMA ❐ THEATRE/OPERA**

Where can I/we go...?
¿Adónde se puede ir a...?
*a-**don**-de se **pwe**-de eer a...*

fishing
pescar
*pes**kar***

riding
montar a caballo
*mon**tar** a ka-**ba**lyo*

Are there any good beaches near here?
¿Hay alguna playa buena cerca de aquí?
a**-ee al-**goo**na **pla**ya **bwe**na **ther**ka de a-**kee

Is there a swimming pool?
¿Hay piscina?
***a**-ee pees-**thee**na*

Where can I/we hire mountain bikes?
¿Dónde alquilan bicis de montaña?
***don**-de al**kee**-lan **bee**thees de mon-**ta**nya*

Do you have cycling helmets?
¿Tienen cascos de ciclista?
***tyen**-en **kas**kos de thee-**klee**sta*

How much is it...?
¿Cuánto cuesta...?
***kwan**to **kwe**sta...*

per hour
la hora
*la **o**-ra*

per day
por día
*por **dee**-a*

What do you do in your spare time? *(familiar)*
¿Qué haces en tu tiempo libre?
*ke **a**-thes en too **tyem**po **lee**-bre*

I like...
Me gusta...
*me **goo**sta...*

painting
pintar
*pin**tar***

sunbathing
tomar el sol
*to**mar** el sol*

I like...
Me gustan... *(plus plural)*
*me **goo**stan...*

sport
los deportes
*los de**por**-tes*

Do you like playing...? *(polite)*
¿Le gusta jugar a...?
*le **goo**sta khoo**gar** a...*

Do you like...? *(familiar)*
¿Te gusta...?
*te **goo**sta...*

see also **SPORT ❒ SKIING ❒ WALKING**

There are often music and dance festivals in the summer. They generally begin quite late, at about 10.30 or 11 pm.

Are there any good concerts on?
¿Dan algún buen concierto aquí?
*dan al-**goon** **bwe**n kon-**thyer**to a-**kee***

Where can I get tickets?
¿Dónde venden las entradas?
***don**-de **ben**-den las en-**tra**das*

Where can we hear some flamenco / salsa?
¿Qué sitios hay para escuchar flamenco / salsa?
*ke **see**tyos **a**-ee para eskoo-**char** fla-**men**ko / **sa**lsa*

What sort of music do you like?
¿Qué tipo de música le gusta?
*ke **tee**po de **moo**-seeka le **goo**sta*

I like...
Me gusta...
*me **goo**sta...*

Which is your favourite group / singer?
¿Cuál es su grupo / cantante favorito?
*kwal es su **groo**po / kan-**tan**te fabo**ree**to*

Can you play any instruments?
¿Sabe tocar algún instrumento?
***sa**be to**kar** al-**goon** eenstroo-**men**-to*

I play...	**the guitar**	**piano**	**clarinet**
Toco...	la guitarra	el piano	el clarinete
***to**ko...*	*la gee**ta**-rra*	*el **pya**-no*	*el kla-ree**ne**-te*

Have you been to any good concerts recently?
¿Ha ido a algún concierto bueno últimamente?
*ha **ee**do a al-**goon** kon-**thyer**to **bwe**no **ool**-teema-mente*

Do you like opera?
¿Le gusta la ópera?
*le **goo**sta la **o**-pera*

Do you like reggae? *(familiar)*
¿Te gusta el reggae?
*te **goo**sta el reegee*

see also **MAKING FRIENDS ❐ ENTERTAINMENT**

The last film showing is usually at midnight when tickets are cheaper.

V.O *(versión original) ver-**syon** oree-khee-**nal*** **ORIGINAL VERSION**

What's on at the cinema?
¿Qué películas ponen?
*ke pe**lee**-koolas **po**-nen*

When does the film start?
¿A qué hora empieza la película?
*a ke **o**-ra em-**pye**tha la pe**lee**-koola*

Is it dubbed or subtitled?
¿Está doblada o subtitulada?
*es**ta** do-**bla**da o soob-tee-too-**la**da*

How much are the tickets?
¿Cuánto cuestan las entradas?
***kwan**to **kwes**tan las en-**tra**das*

Two for the *(time)* **showing**
Dos para la sesión de las...
*dos para la se-**syon** de las...*

What films have you seen recently?
¿Qué películas ha visto últimamente?
*ke pe**lee**-koolas a **bee**sto **ool**-teema-mente*

What is ... called in Spanish?
¿Cómo se titula ... en español?
ko**mo se tee**too**-la ... en espa-**nyol

Who is your favourite actor / actress?
¿Cuál es su actor / actriz favorito(a)?
*kwal es soo ak**tor** / ak-**treez** fabo**ree**to(a)*

■ YOU MAY HEAR

Para la sala uno / dos no quedan localidades
*para la **sa**la **oo**no / dos no **ke**-dan lo-kalee-**da**des*
For screen 1 / 2 there are no tickets left

see also **ENTERTAINMENT ❐ LEISURE/INTERESTS**

Performances generally start late at about 9 or 10 pm.

EL PATIO DE BUTACAS *el **pat**-yo de boo**ta**kas*	STALLS
LA PLATEA *la pla-**tay**a*	DRESS CIRCLE
EL ANFITEATRO *el anfee-te-**a**-tro*	UPPER CIRCLE
EL PALCO *el **pal**ko*	BOX
LA LOCALIDAD / EL ASIENTO *la lokalee**dad**/el as-**yen**to*	SEAT

What's on at the theatre?
¿Qué están echando en el teatro?
*ke es**tan** ech**an**do en el te-**a**-tro*

How do we get to the theatre?
¿Cómo se va al teatro?
***ko**mo se ba al te-**a**-tro*

What prices are the tickets?
¿De qué precios son las entradas?
*de ke pre**thyos** son las en-**tra**das*

I'd like two tickets...
Quisiera dos entradas...
*kees-**ye**ra dos en-**tra**das...*

for tonight
para esta noche
*para **es**ta **no**-che*

for tomorrow night
para mañana por la noche
*para ma-**nya**na por la **no**-che*

for 5th August
para el cinco de agosto
*para el **theen**ko de a-**go**sto*

in the stalls
de patio de butacas
*de **pa**tyo de boo-**ta**kas*

in the dress circle
de platea
*de pla-**tay**a*

in the upper circle
de anfiteatro
*de anfee-te-**a**-tro*

How long is the interval?
¿Cuánto dura el descanso?
***kwan**to **doo**ra el des-**kan**so*

Is there a bar?
¿Hay bar?
***a**-ee bar*

When does the performance begin / end?
¿Cúando empieza / termina la representación?
kwan**do em-**pye**tha / ter-**mee**na la re-presen-ta**thyon

I enjoyed the play
Me ha gustado mucho la obra
*me a goos-**ta**do **moo**cho la **o**-bra*

It was very good
Ha sido muy buena
*a **see**do mwee **bwe**na*

 see also **ENTERTAINMENT ❒ LEISURE/INTERESTS**

EL MANDO A DISTANCIA	*el* ***man****do a dees-****tan****theea*	REMOTE CONTROL
LA TELENOVELA	*la te-leno****bel****a*	SOAP
EL VIDEO	*el* ***bee****de-o*	VIDEO RECORDER
EL TELEDIARIO	*el tele-****dya****ryo*	NEWS
ENCENDER	*enthen****der***	TO SWITCH ON
APAGAR	*apa****gar***	TO SWITCH OFF
EL PROGRAMA	*el pro-****gra****ma*	PROGRAMME
LOS DIBUJOS ANIMADOS	*los dee****boo****khos a-nee****ma****dos*	CARTOONS

Where is the television?
¿Dónde está el televisor?
*don-de es****ta*** *el te-lebee-****sor***

How do you switch it on?
¿Cómo se enciende?
ko*mo se en****thyen****-de*

Which button do I press?
¿Qué botón tengo que pulsar?
*ke bo****ton*** ***ten****go ke pool-****sar***

Please could you lower the volume?
Por favor, ¿podría bajar el volumen?
*por fa****bor*** *pod-****ree****-a ba****khar*** *el bo****loo****-men*

May I turn the volume up?
¿Puedo subir el volumen?
pwe*do soo****beer*** *el bo****loo****-men*

What's on TV?
¿Qué ponen en la tele?
ke ***po****-nen en la te-le*

When is the news?
¿Cúando es el telediario?
kwan*do es el tele-****dya****ryo*

Do you have any English-speaking channels?
¿Hay alguna cadena en inglés?
a*-ee al-****goo****na ka-****de****na en een-****gles***

When are the children's programmes?
¿Cuándo hay programas infantiles?
kwan*do* ***a****-ee pro-****gra****mas een-fan****tee****-les*

Do you have any English videos?
¿Tiene algún vídeo en inglés?
a*-ee al-****goon*** ***bee****de-o en een-****gles***

The easiest way to buy tickets to a football match is direct from the stadium ticket booth about an hour before kick-off. Sunday matches usually begin between 5 and 6 pm. For big Saturday night matches you would have to buy tickets in advance. Saturday night matches usually begin about 9 pm.

Where can I/we...?
¿Dónde se puede...?
__don__-de se __pwe__-de...

play tennis
jugar al tenis
khoo__gar__ al __te__nees

play golf
jugar al golf
khoo__gar__ al golf

go swimming
ir a nadar
eer a na__dar__

go jogging
hacer footing
a-__ther__ __foo__teen

see some pelota
ver jugar a la pelota
ber khoo__gar__ a la pe__lo__-ta

How much is it per hour?
¿Cuánto cuesta la hora?
__kwan__to __kwes__ta la __o__-ra

Do you have to be a member?
¿Hay que ser socio?
__a__-ee ke ser __so__-thyo

Do they hire out...?
¿Alquilan ...?
al__kee__-lan...

rackets
raquetas
ra-__ke__tas

golf clubs
palos de golf
__pa__los de golf

We'd like to go to see *(name team)* **play**
Nos gustaría ir a ver jugar al...
nos goosta-__ree__-a eer a ber khoo__gar__ al...

Where can we get tickets?
¿Dónde venden las entradas?
__don__-de __ben__-den las en-__tra__das

How do we get to the stadium?
¿Cómo se va al estadio?
__ko__mo se ba al es-__ta__dyo

Which is your favourite football team? *(familiar)*
¿Cuál es tu equipo de fútbol favorito?
kwal es too e-__kee__po de __foot__bol fabo-__ree__to

What sports do you play? *(familiar)*
¿Qué deportes practicas?
ke de__por__-tes prak-__tee__kas

see also **LEISURE/INTERESTS ❐ SKIING ❐ WALKING**

EL FORFAIT *el for**fay***	SKI PASS
EL MONITOR / LA MONITORA *el monee**tor**/la monee**to**ra*	INSTRUCTOR
EL ESQUÍ DE FONDO *el es**kee** dee **fon**do*	CROSS-COUNTRY SKIING

I want to hire skis
Quería alquilar unos esquíes
*ke**ree**-a alkee-**lar** **oo**nos es**kee**-es*

Does the price include...?
¿El precio incluye...?
*el **pre**thyo eenk**loo**-ye...*

boots
las botas
*las **bo**tas*

poles
los bastones
*los bas-**to**nes*

Can you adjust my bindings, please?
¿Me puede ajustar las fijaciones?
*me **pwe**-de a-khoos-**tar** las feekha-**thyo**-nes*

How much is a pass...?
¿Cuánto cuesta un forfait...?
***kwan**to **kwes**ta oon for-**fay**...*

for a day
para un día
*para oon **dee**-a*

per week
semanal
*sema-**nal***

Do you have a map of the ski runs?
¿Tiene un mapa de pistas?
***tyen**-e oon **ma**pa de **pees**tas*

When does the last chair-lift go up?
¿Cuándo sale el último telesilla?
***kwan**do **sa**-le el **ool**-teemo tele-**see**-lya*

YOU MAY HEAR

¿Ha esquiado alguna vez antes?
*a eskee-**a**-do al-**goo**na veth **an**-tes*
Have you ever skied before?

¿De qué largo quiere los esquíes?
*de ke **lar**go **kye**re los es**kee**-es*
What length skis do you want?

¿Qué número de zapato usa?
*ke **noo**-mero de tha-**pa**to **oo**sa*
What is your shoe size?

see also **LEISURE/INTERESTS ❒ SPORT ❒ WALKING**

Are there any guided walks?
¿Organizan recorridos a pie con guía?
*orga-**nee**than reko-**rree**dos a pye kon **gee**-a*

Do you have details?
¿Me puede dar información?
*me **pwe**-de dar eenfor-ma**thyon***

Do you have a guide to local walks?
¿Tiene alguna guía de esta zona que traiga recorridos a pie?
***tyen**-e al-**goo**na **gee**-a de **es**ta **tho**na ke tra-**ee**-ga reko-**rree**dos a pye*

How many kilometres is the walk?
¿De cuántos kilómetros es la excursión?
*de **kwan**tos kee**lo**-metros es la exkoor-**syon***

How long will it take?
¿Cuánto se tarda?
***kwan**to se **tar**da*

Is it very steep?
¿Hay mucha subida?
***a**-ee **moo**cha soo-**bee**da*

We'd like to go climbing
Nos gustaría hacer montañismo
*nos goosta-**ree**-a a-**ther** monta-**nyees**-mo*

Do we need walking boots?
¿Necesitamos botas de montaña?
*ne-the-see**ta**mos **bo**tas de mon-**tan**ya*

Should we take...?
¿Hace falta llevar...?
***a**-the **fal**ta lye**bar**...*

water
agua
***a**gwa*

food
comida
*ko-**mee**da*

waterproofs
prendas / impermeables
***pren**das / eemper-me-**a**-bles*

a compass
una brújula
*oona **broo**-khoola*

What time does it get dark?
¿A qué hora anochece?
*a ke **o**-ra ano-**che**the*

 see also **MAPS & GUIDES ❒ SIGHTSEEING**

*To phone Spain from the UK, the international code is **00 34** plus the Spanish area code (e.g. Barcelona-**93**, Madrid-**91**) followed by the number you require. To phone the UK from Spain, dial **00 44**, plus the UK area code less the first **0**, e.g., Glasgow (**0**)**141**. For calls within Spain you must dial the area code and number (even for local calls).*

A phonecard, please
Una tarjeta telefónica, por favor
*oona tar-**khe**ta te-le**fo**-neeka por fa**bor***

for 6 / 12 euros
de seis / doce euros
*de **se**-ees / **do**-the e-**oo**ros*

I want to make a phone call
Quiero hacer una llamada telefónica
***kye**ro a-**ther** oona lya-**ma**da te-le**fo**-neeka*

Where can I buy a phonecard?
¿Dónde venden tarjetas telefónicas?
***don**-de **ben**-den tar-**khe**tas te-le**fo**-neekas*

Do you have a mobile?
¿Tiene móvil?
***tyen**-e **mo**-beel*

What is the number of your mobile?
¿Cuál es su número de móvil?
*kwal es soo **noo**-mero de **mo**-beel*

My mobile number is...
Mi número de móvil es...
*mee **noo**-mero de **mo**-beel es...*

Señor Lopez, please
El Señor López, por favor
*el se**nyor lo**pez por fa**bor***

Extension...(*number*)
Extensión...
*es-ten**syon**...*

Can I speak to...?
¿Puedo hablar con...?
***pwe**do a-**blar** kon...*

I would like to speak to...
Quería hablar con...
*ke-**ree**-a a-**blar** kon...*

Can I speak to Mr Salas?
¿Puedo hablar con el Sr. Salas?
***pwe**do a-**blar** kon el sen**yor sa**las*

Is Valle there?
¿Está Valle?
*es**ta ba**-le*

cont...

This is Jim Brown
Soy Jim Brown
soy jim brown

It's me
Soy yo
soy yo

I want to make an outside call, can I have a line?
Quería llamar fuera, ¿Me da línea?
*ke-**ree**-a lya**mar** **fwe**ra me da **lee**-ne-a*

I'll call back...
Le/La volveré a llamar...
*le/la bolbe-**re** a lya**mar**...*

later
más tarde
*mas **tar**de*

tomorrow
mañana
*ma-**nya**na*

■ YOU MAY HEAR

¿Diga?
***dee**ga*
Hello

¿Con quién hablo?
*kon kyen **a**-blo*
Who am I talking to?

¿De parte de quién?
*de **par**-te de kyen*
Who's calling?

Un momento
*oon mo-**men**to*
Just a moment

No cuelgue, por favor
*no **kwel**ge por fa**bor***
Hold on, please

Ahora se pone
*a-**o**-ra se **po**ne*
He/She is coming

Está comunicando
*es**ta** komoo-nee**kan**-do*
It's engaged

¿Puede volver a llamar más tarde?
***pwe**-de bol**ber** a lya**mar** mas **tar**de*
Can you try again later?

¿Quiere dejar algún recado?
***kye**-re de**khar** al-**goon** re-**ka**do*
Do you want to leave a message?

Se ha equivocado de número
*se a ekee-bo**ka**-do de **noo**-mero*
You have a wrong number

Deje su mensaje después de oir la señal *(answering machine)*
de**khe soo men**sa**-khe des-**pwes** de o-**eer** la se**nyal
Please leave a message after the tone

Por favor, se ruega apaguen los telefonos móviles
*por fa**bor** se **rwe**-ga a-**pa**gen los te-**le**-fonos **mo**-beeles*
Please turn your mobiles off

see also **E-MAIL ❐ INTERNET ❐ FAX ❐ BUSINESS**

In this section we have used the familiar form ***tú****. In mobile-phone messages accents and upside-down punctuation are often omitted.*

I will text you
Te mandaré un mensaje (al móvil)
*te manda-**re** oon men**sa**-khe (al **mo**-beel)*

Can you text me?
¿Me puedes mandar un mensaje (al móvil)?
*me **pwe**-des man**dar** oon men**sa**-khe (al **mo**-beel)*

tomorrow
mñn *(mañana)*

see you later
h lgo *or* HL *(hasta luego)*

where?
dnd? *(¿dónde?)*

as soon as possible
LAP *(lo antes posible)*

I don't know
NLS *(no lo sé)*

what are you doing?
q acc? *or* q hcs? *(¿qué haces?)*

do you want to go?
qlrsir? *(¿quieres ir?)*

what's up?
q t pasa? *(¿qué te pasa?)*

also
tb *(también)*

I love you
t q *(te quiero)*

call me
ymam *(llámame)*

are you coming?
vns? *(¿vienes?)*

later
+trd *(más tarde)*

goodbye
a2 *(adiós)*

weekend
find *(finde, fin de semana)*

many
mxo *(mucho)*

good luck
bna srt *(buena suerte)*

let's meet
qdms? *(¿quedamos?)*

how are you?
q tl? *(¿qué tal?)*

I can't talk
NPH *(no puedo hablar)*

I'll see you soon
TBL *(te veo luego)*

I've got to go
TQI *(tengo que irme)*

why?
xq? *(¿por qué?)*

because
xq *(porque)*

New message:	**Nuevo mensaje:**
To:	**Para:**
From:	**De:**
Subject:	**Asunto:**
Forward:	**Reenviar:**
Inbox:	**Bandeja de entrada:**
Sent items:	**Enviados:**
Attachment:	**Archivo adjunto:**
Send:	**Enviar:**

Do you have an e-mail?
¿Tiene (dirección de) email?
__tyen__-e (deerek-__thyon__ de) __ee__-meyl

What is your e-mail address?
¿Cuál es su (dirección de) email?
kwal es soo (deerek-__thyon__ de) __ee__-meyl

How do you spell it?
¿Cómo se escribe?
__ko__mo se es-__kree__-be

All one word
Todo junto
__to__do __joon__-to

All lower case
Todo en minúscula(s)
__to__do en mee-__noos__-koo-la(s)

My e-mail address is...
Mi (dirección de) email es...
mee (deerek-__thyon__ de) __ee__-meyl es...

caroline.smith@bit.co.uk
caroline punto smith arroba bit punto co punto uk
caroline __poon__-to smith ar-__ro__-ba bit __poon__-to ko __poon__-to oo ka

Can I send an e-mail?
¿Puedo mandar un email?
__pwe__do man__dar__ oon __ee__-meyl

Did you get my e-mail?
¿Le llegó mi email?
le lyeg-__o__ mee __ee__-meyl

see also **TEXT ❐ INTERNET ❐ FAX ❐ BUSINESS**

INICIO *ee-**nee**-thyo*	**HOME**
NOMBRE DE USUARIO/ID ***nom**-bre de oos-**war**yo/ay-dee*	**USERNAME**
NAVEGAR POR INTERNET *na-be-**gar** por **een**-ter-net*	**TO BROWSE**
BUSCADOR *boos-ka-**dor***	**SEARCH ENGINE**
CONTRASEÑA *kontra**sen**ya*	**PASSWORD**
CONTACTE CON NOSOTROS *kon-**tak**-te kon no-**so**-tros*	**CONTACT US**
VOLVER AL MENÚ *bol**ber** al me**noo***	**BACK TO MENU**
MAPA DEL SITIO ***ma**pa del **seet**-yo*	**SITEMAP**

Are there any internet cafés here?
¿Hay algún cibercafé aquí?
a**-ee al-**goon** thee-ver-ka-**fe** a-**kee

How much is it to log on for an hour?
¿Cuánto cuesta una hora de conexión?
kwan**to **kwes**ta oona **o**-ra de konek-**syon

Do you have a website?
¿Tiene dirección de internet?
***tyen**-e deerek-**thyon** de **een**ternet*

The website address is...
La dirección de internet es...
*la deerek-**thyon** de **een**ternet es...*

www.collins.co.uk
www.collins.co.uk
***oo**-be **do**-ble **oo**-be **do**-ble **oo**-be **do**-ble **poon**-to collins **poon**-to ko **poon**-to oo ka*

Do you know any good sites?
¿Conoce alguna dirección de internet interesante?
*ko**no**-the al-**goo**na deerek-**thyon** de **een**ternet eenter-**esan**-te*

Which is the best search engine to use?
¿Cuál es la mejor buscador (de Internet)?
***kwal** es la me**khor** booska**dor** (de eenter**net**)*

I can't log on
No puedo conectarme
*no **pwe**do konek-**tar**me*

see also **TEXT ❒ E-MAIL ❒ FAX ❒ BUSINESS**

To fax Spain from the UK, the code is ***00 34*** *followed by the Spanish area code, e.g. Madrid* ***91****, Bilbao* ***94****, and the fax number.* *For E-MAIL, see p. 60.*

ADDRESSING A FAX

DE	FROM
A LA ATENCÍON DE	FOR THE ATTENTION OF
FECHA	DATE
CON REFERENCIA A	RE:
ESTE DOCUMENTO CONTIENE ... PÁGINAS, ÉSTA INCLUSIVE	THIS DOCUMENT CONTAINS ... PAGES INCLUDING THIS

Do you have a fax?
¿Tiene fax?
***tyen**-e faks*

Can I send a fax from here?
¿Puedo mandar un fax desde aquí?
pwe**do man**dar** oon faks **des**de a-**kee

I want to send a fax
Quería mandar un fax
*ke-**ree**-a man**dar** oon faks*

What is your fax number?
¿Cuál es su número de fax?
*kwal es soo **noo**-mero de faks*

My fax number is...
Mi número de fax es...
*mee **noo**-mero de faks es...*

Did you get my fax?
¿Ha recibido mi fax?
*a re-thee-**bee**do mee faks*

Please resend your fax
Por favor, vuélvame a mandar su fax
*por fa**bor** **bwel**ba-me a man**dar** soo faks*

I can't read it
No se entiende
*no se en-**tyen**de*

The fax is constantly engaged
El fax está ocupado constantemente
*el faks es**ta** okoo-**pa**do konstan-**te**-mente*

17 May 2003	**17 del mayo de 2003**
Dear Sirs	**Estimados señores:** *(commercial letter)*
Dear Sir / Madam	**Estimado(a) señor(a):**
Yours faithfully	**Le(s) saluda atentamente**
Dear Mr... / Dear Mrs...	**Estimado Sr....: / Estimada Sra....:**
Yours sincerely	**Saludos cordiales**
Dear Rosa	**Querida Rosa:**
Best regards	**Un abrazo**
Dear Pepe	**Querido Pepe:**
Love	**Un fuerte abrazo** *or* **Besos**

What is your address?
¿Cuál es su dirección?
*kwal es soo deerek-**thyon***

What is your postcode (zip)?
¿Cuál es su código postal?
*kwal es soo **ko**-deego pos**tal***

Thank you for your letter
Gracias por tu carta
***grath**-yas por too **kar**ta*

Write soon!
¡Escríbeme pronto!
*es**kree**beme **pron**to*

Sr. y Sra. Galera
c/ Colón 59, 3º 2 esc. dcha
18006 Granada
Spain

Addressing an envelope

*c/ = abbrev for **calle** street*
3º 2 = 3rd floor, door number 2
*esc. = abbrev. for **escalera** floor,*
*dcha = abbrev. for **derecha** right*
postcode and town

*Banks are generally open 9 am to 2 pm Monday to Friday, with some banks open on Saturday mornings. Double-check opening hours when you arrive as these change during the summer. The Spanish currency is the euro (e-**oo**-ro). Euro cents are known as **céntimos** (**then**-tee-mos).*

LA TARJETA DE CREDITO *la tar-**khe**ta de **kre**-dee-to*	**CREDIT CARD**
PAGAR EN EFECTIVO *pagar en e-fek-**tee**vo*	**PAY IN CASH**
LA FACTURA *la fak-**too**ra*	**INVOICE**
LOS CHEQUES DE VIAJE *los **che**-kes de **bya**-khe*	**TRAVELLER'S CHEQUES**

Where can I/we change some money?
¿Dónde se puede cambiar dinero?
__don__-de se __pwe__-de kam__byar__ dee-__ne__ro

I want to change these traveller's cheques
Quiero cambiar estos cheques de viaje
__kye__ro kam__byar__ __es__tos __che__-kes de __bya__-khe

When does the bank open?
¿Cuándo abren el banco?
__kwan__do __a__-bren el __ban__ko

When does the bank close?
¿Cuándo cierran el banco?
__kwan__do __thye__-rran el __ban__ko

Can I pay with pounds / euros?
¿Puedo pagar con libras / euros?
__pwe__do pa__gar__ kon __lee__bras / e-__oo__ros

Where is the nearest cash dispenser?
¿Dónde está el cajero más cercano?
__don__-de esta el ka-__khe__ro mas __ther__-ka-no

Can I use my card with this cash dispenser?
¿Puedo usar mi tarjeta en este cajero?
__pwe__do oo__sar__ mee tar-__khe__ta en __es__te ka-__khe__ro

Do you have any loose change?
¿Tiene suelto?
no __tyen__-e __swel__to

 see also **PAYING**

EL IMPORTE *el eem**por**-te*	AMOUNT TO BE PAID
LA CUENTA *la **kwen**ta*	BILL
LA CAJA *la **ka**-kha*	CASH DESK
LA FACTURA *la fak-**too**ra*	INVOICE
ABONE EL IMPORTE EN CAJA *a-**bo**-ne el eem**por**-te*	PAY AT THE CASH DESK
EL TIQUE (DE COMPRA) *el **tee**-ke de **kom**pra*	TILL RECEIPT

How much is it?
¿Cuánto es?
***kwan**to es*

How much will it be?
¿Cuánto me costará?
kwan**to me kos-ta**ra

Can I pay...?
¿Puedo pagar...?
***pwe**do pa**gar**...*

by credit card
con tarjeta de crédito
*kon tar-**khe**ta de **kre**-deeto*

by cheque
con talón
*kon ta**lon***

Do you take credit cards?
¿Aceptan tarjetas de crédito?
*a-**thep**tan tar-**khe**tas de **kre**-deeto*

Is service included?
¿Está incluido el servicio?
*es**ta** eenkloo-**ee**-do el ser-**bee**thyo*

Is VAT included?
¿Está incluido el IVA?
*es**ta** eenkloo-**ee**-do el **ee**-ba*

Put it on my bill
Póngalo en mi cuenta
***pon**ga-lo en mee **kwen**ta*

I need a receipt, please
Necesito un recibo, por favor
*ne-the-**see**to oon re-**thee**bo por fa**bor***

Do I pay in advance?
¿Se paga por adelantado?
*se **pa**ga por a-delan-**ta**do*

Where do I pay?
¿Dónde se paga?
***don**-de se **pa**ga*

I'm sorry
Lo siento
*lo **syen**to*

I've nothing smaller
No tengo cambio
*no **ten**go **kamb**-yo*

see also SHOPPING ❒ MONEY

CONSIGNA *kon-**seen**ya*	**LEFT LUGGAGE OFFICE**
CONSIGNAS AUTOMÁTICAS *kon-**seen**yas owto-**ma**teekas*	**LUGGAGE LOCKERS**
EL CARRITO *el ka-**ree**to*	**LUGGAGE TROLLEY**

My luggage hasn't arrived
Mi equipaje no ha llegado
*mee ekee-**pa**-khe no a lye**ga**-do*

My suitcase has arrived damaged
La maleta ha llegado estropeada
*la ma-**le**ta a lye**ga**-do estrope-**a**-da*

What's happened to the luggage on the flight from...?
¿Qué ha pasado con el equipaje del vuelo de...?
*ke a pa**sa**-do kon el ekee-**pa**-khe del **bwe**lo de...*

Can you help me with my luggage, please?
¿Me puede ayudar con el equipaje, por favor?
*me **pwe**-de ayoo-**dar** kon el ekee-**pa**-khe por fa**bor***

When does the left luggage office open / close?
¿Cuándo abren / cierran la consigna?
***kwan**do **a**-bren / **thye**-rran la kon-**seeg**na*

I'd like to leave this suitcase...
Quisiera dejar esta maleta...
*kees-**ye**ra de**khar** **es**ta ma-**le**ta...*

overnight
por la noche
*por la **no**-che*

Can I leave my luggage here?
¿Puedo dejar aquí el equipaje?
***pwe**do de**khar** a-**kee** el ekee-**pa**-khe*

until ... o'clock
hasta las...
***a**sta las...*

till Saturday
hasta el sábado
***a**sta el **sa**-bado*

I'll collect it at...
Vendré a recogerlo a las...
*ben-**dre** a reko-**kher**lo a las...*

■ YOU MAY HEAR

Puede dejarlo aquí hasta las seis
***pwe**-de de**khar**-lo a-**kee** **a**sta las **se**-ees*
You may leave it here until 6 o'clock

see also **TRAIN ❐ AIR TRAVEL**

Repairs while you wait are known as ***reparaciones en el acto***

This is broken
Se me ha roto esto
*se me a **ro**to **es**to*

Where can I get this repaired?
¿Dónde me lo pueden arreglar?
***don**-de me lo **pwe**-den a-**rre**-glar*

Is it worth repairing?
¿Merece la pena arreglarlo?
*me-**re**the la **pe**na a-rre-**glar**lo*

Can you repair...?
¿Puede arreglarme...?
***pwe**-de a-rre-**glar**me...*

these shoes
estos zapatos
***es**tos tha-**pa**tos*

my watch
el reloj
*el re**lokh***

How much will it be?
¿Cuánto me costará?
kwan**to me kos-ta**ra

Can you do it straightaway?
¿Me lo puede hacer en el acto?
*me lo **pwe**-de a-**ther** en el **ak**to*

How long will it take to repair?
¿Cuánto tardarán en arreglarlo?
***kwan**to tarda-**ran** en a-rre-**glar**lo*

When will it be ready?
¿Para cuándo estará?
*para **kwan**do esta-**ra***

Where can I have my shoes reheeled?
¿Dónde me pueden poner tapas a los zapatos?
***don**-de me **pwe**-den po**ner ta**pas a los tha-**pa**tos*

I need some...
Necesito un poco de...
*ne-the-**see**to oon **po**ko de...*

glue
pegamento
*pega-**men**to*

Sellotape®
celo
***the**lo*

Do you have a needle and thread?
¿Tiene hilo y una aguja?
***tyen**-e **ee**lo ee oona a-**goo**kha*

The lights have fused
Se ha ido la luz
*se a **ee**do la looth*

see also **BREAKDOWN**

LAUNDRY

LA TINTORERÍA *la teento-re-**ree**ya*		DRY-CLEANER'S
LA LAVANDERÍA AUTOMÁTICA *la laban**de**ree-a owto-**ma**tee-ka*		LAUNDERETTE
EL DETERGENTE EN POLVO *el de-ter**khen**te en **pol**vo*		WASHING POWDER

Where can I do some washing?
¿Dónde puedo lavar algo de ropa?
***don**-de **pwe**do la**bar al**go de **ro**pa*

Do you have a laundry service?
¿Tienen servicio de lavandería?
***tyen**-en ser-**bee**thyo de laban-de**ree**-a*

When will my things be ready?
¿Para cuándo estarán mis cosas?
*para **kwan**do esta-**ran** mees **ko**sas*

Is there a launderette near here?
¿Hay alguna lavandería automática por aquí cerca?
***a**-ee al-**goo**na laban-de**ree**-a owto-**ma**tee-ka por a-**kee ther**ka*

When does it open?
¿Cuándo abren?
***kwan**do **a**-bren*

When does it close?
¿Cuándo cierran?
***kwan**do **thye**-rran*

What coins do I need?
¿Qué monedas hay que usar?
*ke mo**ne**-das **a**-ee ke **oo**sar*

Is there somewhere to dry clothes?
¿Hay algún sitio para secar la ropa?
***a**-ee al-**goon see**tyo para se**kar** la **ro**pa*

Can you iron these clothes?
¿Pueden plancharme esta ropa?
***pwe**-den plan**char**-me **es**ta **ro**pa*

Can I borrow an iron?
¿Me pueden dejar una plancha?
*me **pwe**-den de**khar** oona **plan**cha*

This doesn't work
Esto no funciona
*esto no foon-**thyo**na*

The ... doesn't work
El/La ... no funciona
*el/la ... no foon-**thyo**na*

The ... don't work
Los/Las ... no funcionan
*los/las ... no foon-**thyo**-nan*

light
la luz
la looth

heating
la calefacción
*la ka-lefak-**thyon***

air conditioning
el aire acondicionado
*el **a**-ee-re a-kondee-thyo-**na**do*

There's a problem with the room
Hay un problema con la habitación
*hay oon pro-**ble**ma con la abeeta-**thyon***

It's noisy
Hay mucho ruido
***a**-ee **moo**cho **rwee**-do*

It's too hot *(room)*
Hace demasiado calor
a**-the dema-**sya**do ka**lor

It's too cold *(room)*
Hace demasiado frío
***a**-the dema-**sya**do **free**-o*

It's too hot / too cold *(food)*
Está muy caliente / muy frío
*es**ta** mwee ka**lyen**-te / mwee **free**-o*

The meat is cold
La carne está fría
*la **kar**-ne es**ta** **free**-a*

This isn't what I ordered
Esto no es lo que yo he pedido
***es**to no es lo ke yo he pe-**dee**do*

To whom should I complain?
¿Con quién tengo que hablar para poner una queja?
*kon kyen **ten**go ke a-**blar** para po**ner** oona **ke**-kha*

It's faulty
Tiene un defecto
***tyen**-e oon de-**fek**to*

It's dirty
Está sucio
*es**ta** **sooth**-yo*

I want my money back
Quiero que me devuelvan el dinero
***kye**ro ke me de-**bwel**ban el dee-**ne**ro*

see also **REPAIRS ❒ PROBLEMS**

Can you help me?
¿Me puede ayudar?
*me **pwe**-de ayoo-**dar***

I only speak a little Spanish
Sólo hablo un poco de español
so**lo **a**-blo oon **po**ko de espa-**nyol

Does anyone here speak English?
¿Hay aquí alguien que hable inglés?
a**-ee a-**kee** al**gyen** ke **a**-ble een-**gles

What's the matter?
¿Qué pasa?
*ke **pa**sa*

I would like to speak to whoever is in charge
Quiero hablar con el(la) encargado(a)
***kye**ro a-**blar** kon el(la) en-kar**ga**-do(a)*

I'm lost
Me he perdido
*me e per-**dee**do*

How do I get to...?
¿Cómo voy a...?
***ko**mo boy a...*

I've missed... | **my train** | **my plane** | **my connection**
He perdido... | el tren | el avión | el enlace
*e per-**dee**do...* | *el tren* | *el a-**byon*** | *el en**la**-the*

I've missed my flight because there was a strike
He perdido el vuelo porque había una huelga
*e per-**dee**do el **bwe**lo **por**ke a**bee**-a oona **wel**ga*

The coach has left without me
Se ha ido el autocar y me ha dejado aquí
*se a **ee**do el owto-**kar** ee me a de-**kha**do a-**kee***

Can you show me how this works?
¿Me puede enseñar como funciona esto?
*me **pwe**-de en-se-**nyar** **ko**mo foon-**thyo**na **es**to*

I have lost my purse
He perdido el monedero
*e per-**dee**do el mone-**de**ro*

I need to get to...
Tengo que ir a...
***ten**go ke eer a...*

Leave me alone!
¡Déjeme en paz!
***de**-khe-me en path*

Go away!
¡Váyase!
***ba**ya-se*

see also COMPLAINTS ❒ EMERGENCIES

The emergency number for the police is 091. If you need an ambulance, they will arrange it.

LA POLICÍA *la polee-**thee**-a*	**POLICE**
LA AMBULANCIA *la amboo-**lan**thya*	**AMBULANCE**
LOS BOMBEROS *los bomberos*	**FIRE BRIGADE**
URGENCIAS *oor-**khen**thyas*	**CASUALTY DEPARTMENT**

Help!
¡Socorro!
*so-**ko**rro*

Fire!
¡Fuego!
***fwe**go*

Can you help me?
¿Me puede ayudar?
*me **pwe**-de ayoo-**dar***

There's been an accident!
¡Ha habido un accidente!
*a a**bee**-do oon akthee-**den**te*

Someone is injured
Hay un herido
***a**-ee oon e-**ree**do*

Someone has been knocked down by a car
Han atropellado a alguien
*an a-trope-**lya**do a alg-**yen***

Call...
Llame a...
***lya**-me a...*

the police
la policía
*la polee-**thee**-a*

an ambulance
una ambulancia
*oona amboo-**lan**thya*

please
por favor
*por fa**bor***

Where is the police station?
¿Dónde está la comisaría?
***don**-de es**ta** la komee-sa**ree**-a*

I want to report a theft
Quiero denunciar un robo
***kye**ro de-noon-**thyar** oon **ro**bo*

I've been robbed / attacked
Me han robado / agredido
*me an ro-**ba**do / agre-**dee**do*

Someone's stolen my...
Me han robado...
*me an ro-**ba**do...*

bag
el bolso
*el **bol**so*

traveller's cheques
los cheques de viaje
*los **che**-kes de **bya**-khe*

My car has been broken into
Me han entrado en el coche
*me an en-**tra**do en el **ko**-che*

cont...

My car has been stolen
Me han robado el coche
*me an ro-**ba**do el **ko**-che*

I've been raped
Me han violado
*me an byo-**la**do*

I want to speak to a policewoman
Quiero hablar con una mujer policía
***kye**ro a-**blar** kon oona moo-**kher** polee-**thee**-a*

I need to make an urgent telephone call
Necesito hacer una llamada urgente
*ne-the-**see**to a-**ther** oona lya-**ma**da oor-**khen**-te*

I need a report for my insurance
Necesito un informe para el seguro
*ne-the-**see**to oon een-**for**me para el se-**goo**ro*

I didn't know the speed limit
No sabía cual era el límite de velocidad
*no sa-**bee**-a kwal **e**-ra el **lee**-meete de belo-thee-**dad***

How much is the fine?
¿De cuánto es la multa?
*de **kwan**to es la **mool**ta*

Where do I pay it?
¿Dónde la pago?
***don**-de la **pa**go*

Do I have to pay it straightaway?
¿Tengo que pagarla inmediatamente?
***ten**go ke pa**gar**-la een-medyata-**men**-te*

I'm very sorry
Lo siento mucho
*lo **syen**to **moo**cho*

■ YOU MAY HEAR

Se ha saltado el semáforo en rojo
*se a sal-**ta**do el se**ma**-foro en **ro**kho*
You went through a red light

LA FARMACIA *la far-**math**-ee-a*	PHARMACY / CHEMIST
LA FARMACIA DE GUARDIA *la far-**math**-ee-a de **gwar**-dee-a*	DUTY CHEMIST
LA RECETA MÉDICA *la re-**the**ta **med**-eeka*	PRESCRIPTION

I don't feel well
No me encuentro bien
*no me en-**kwen**tro byen*

Have you something for...?
¿Tiene algo para...?
*__tyen__-e **al**go para...*

a headache
el dolor de cabeza
*el do**lor** de ka-**be**tha*

car sickness
el mareo
*el ma-**re**-o*

diarrhoea
la diarrea
*la dee-a-**rre**-a*

I have a rash
Me ha salido un sarpullido
*me a sa-**lee**do oon sar-poo**lyee**-do*

I feel sick
Tengo naúseas
*tengo **now**-se-as*

Is it safe for children?
¿Lo pueden tomar los niños?
*lo **pwe**-den **to**mar los **nee**nyos*

How much should I give?
¿Cuánto le doy?
***kwan**to le doy*

■ YOU MAY HEAR

Tómelo tres veces al día antes / con / después de la comida
***to**-melo tres **be**-thes al **dee**-a **an**-tes / kon / des-**pwes** de la ko-**mee**da*
Take it three times a day before / with / after meals

■ WORDS YOU MAY NEED

antiseptic	**el antiséptico**	*antee-**sep**tee-ko*
aspirin	**la aspirina**	*aspee-**ree**na*
condoms	**los preservativos**	*pre-serba-**tee**bos*
dental floss	**la seda dental**	***se**da den**tal***
period pains	**las molestias de la regla**	*mo**les**-tyas de la **re**gla*
plasters	**las tiritas®**	*tee-**ree**tas*
sanitary pads	**las compresas**	*kom-**pre**sas*
sore throat	**el dolor de garganta**	*do**lor** de gar-**gan**ta*
tampons	**los tampones**	*tam**po**-nes*
toothpaste	**la pasta de dientes**	***pas**ta de **dyen**-tes*

see also **BODY ❒ DOCTOR**

In Spanish the possessive (my, his, her, etc.) is generally not used with parts of the body, e.g.

My head hurts	***Me duele la cabeza***
My hands are dirty	***Tengo las manos sucias***

ankle	**el tobillo** *to-**bee**-lyo*
arm	**el brazo** ***bra**-tho*
back	**la espalda** *es-**pal**da*
bone	**el hueso** ***we**so*
chin	**la barbilla** *bar-**bee**-lya*
ear	**la oreja / el oído** *o-**re**kha / o-**ee**do*
elbow	**el codo** ***ko**do*
eye	**el ojo** ***o**-kho*
finger	**el dedo** ***de**do*
foot	**el pie** *pye*
hair	**el pelo** ***pe**lo*
hand	**la mano** ***ma**no*
head	**la cabeza** *ka-**be**tha*
heart	**el corazón** *kora-**thon***
hip	**la cadera** *ka-**de**ra*
joint	**la articulación** *artee-koola-**thyon***
kidney	**el riñón** *ree-**nyon***
knee	**la rodilla** *ro-**deel**ya*
leg	**la pierna** ***pyer**-na*
liver	**el hígado** ***ee**-gado*
mouth	**la boca** ***bo**ka*
nail	**la uña** ***oo**nya*
neck	**el cuello** ***kwel**yo*
nose	**la nariz** *na-**reez***
stomach	**el estómago** *es**to**-mago*
throat	**la garganta** *gar-**gan**ta*
thumb	**el pulgar** *pool-**gar***
toe	**el dedo del pie** ***de**do del pye*
wrist	**la muñeca** *moo-**nye**ka*

see also **DOCTOR ❒ PHARMACY**

If you need to see a doctor, simply visit the nearest clinic with your E111 form and ask for an appointment. You usually need to go in the morning (9 am) to get a ticket for an appointment later in the day.

I need a doctor
Necesito un médico
*ne-the-**see**to oon **me**-deeko*

My son / daughter is ill
Mi hijo / hija está enfermo(a)
*mee **ee**kho / **ee**kha es**ta** enfermo(a)*

I have a pain here *(point)*
Me duele aquí
*me **dwe**-le a-**kee***

He / She has a temperature
Tiene fiebre
***tyen**-e **fye**-bre*

I'm diabetic
Soy diabético(a)
*soy dee-a-**be**teeko(a)*

I'm pregnant
Estoy embarazada
*estoy emba-ra**tha**-da*

I'm on the pill
Tomo la píldora
***to**mo la **peel**-dora*

I'm allergic to penicillin
Soy alérgico(a) a la penicilina
*soy a-**ler**khee-ko(a) a la penee-the**elee**-na*

My blood group is...
Mi grupo sanguíneo es...
*mee **groo**po sang**ee**-ne-o es...*

Will he / she have to go to hospital?
¿Tendrá que ir al hospital?
*ten-**dra** ke eer al ospee-**tal***

Will I have to pay?
¿Tengo que pagar?
ten**go ke pa**gar

How much will it cost?
¿Cuánto va a costar?
kwan**to ba a kost**ar

I need a receipt for the insurance
Necesito un recibo para el seguro
*ne-the-**see**to oon re-**thee**bo para el se-**goo**ro*

■ **YOU MAY HEAR**

Tiene que ingresar
tyen**-e ke een-gre**sar
You will have to be admitted to hospital

No es grave
*no es **gra**ve*
It's not serious

All dental provision is private. Simply book an appointment. It is advisable to get a quote in advance for any work to be done.

EL EMPASTE *el em-**pas**te*	**FILLING**
LA FUNDA *la **foon**-da*	**CROWN**
LA DENTADURA POSTIZA *la denta-**doo**ra pos-**tee**tha*	**DENTURES**

I need a dentist
Necesito un dentista
*ne-the-**see**to oon den-**tee**sta*

He / She has toothache
Tiene dolor de muelas
***tyen**-e do**lor** de **mwe**-las*

Can you do a temporary filling?
¿Puede hacer un empaste provisional?
pwe**-de a-**ther** oon em-**pas**te pro-beesyo-**nal

It hurts *(me)*
Me duele
*me **dwe**-le*

Can you give me something for the pain?
¿Puede darme algo para el dolor?
pwe**-de **dar**-me **al**go para el do**lor

I think I have an abscess
Creo que tengo un absceso
***kre**-o ke **ten**go oon abs-**the**so*

Can you repair my dentures?
¿Puede arreglarme la dentadura postiza?
***pwe**-de a-rre-**glar**me la denta-**doo**ra pos-**tee**tha*

Do I have to pay?
¿Tengo que pagar?
ten**go ke pa**gar

How much will it be?
¿Cuánto me va a costar?
kwan**to me ba a kos**tar

I need a receipt for my insurance
Necesito un recibo para el seguro
*ne-the-**see**to oon re-**thee**bo para el se-**goo**ro*

■ **YOU MAY HEAR**

Hay que sacarla
***a**-ee ke sa**kar**-la*
It has to come out

Voy a ponerle una inyección
*boy a po**ner**le oona eenyek-**thyon***
I'm going to give you an injection

see also **PHARMACY**

What facilities do you have for disabled people?
¿Qué instalaciones tienen para minusválidos?
*ke eenstala-**thyo**-nes **tyen**-en para meenoos-**ba**lee-dos*

Are there any toilets for the disabled?
¿Hay aseos para minusválidos?
***a**-ee a-**se**os para meenoos-**ba**lee-dos*

Do you have any bedrooms on the ground floor?
¿Tienen alguna habitación en la planta baja?
***tyen**-en al-**goo**na abeeta-**thyon** en la **plan**ta **ba**kha*

Is there a lift?
¿Hay ascensor?
a**-ee as-then**sor

Where is the lift?
¿Dónde está el ascensor?
don**-de es**ta** el as-then**sor

Is there an induction loop?
¿Hay audífonos?
***a**-ee ow-**dee**-fonos*

How many stairs are there?
¿Cuántas escaleras hay?
***kwan**tas eska-**le**ras **a**-ee*

Do you have wheelchairs?
¿Tienen sillas de ruedas?
***tyen**-en **seel**yas de **rwe**das*

Can you visit ... in a wheelchair?
¿Se puede visitar ... en silla de ruedas?
*se pwe-de bee-see**tar** ... en **seel**ya de **rwe**das*

Is there a reduction for disabled people?
¿Hacen descuento a los minusválidos?
***a**-then des-**kwen**to a los meenoos-**ba**lee-dos*

Is there somewhere I can sit down?
¿Hay algún sitio donde pueda sentarme?
***a**-ee al-**goon** **see**tyo **don**-de **pwe**da sen**tar**me*

see also **HOTEL**

We have used the familiar ***tú*** *form for these phrases.*

What would you like for breakfast?
¿Qué quieres de desayuno?
*ke **kyer**-es de desa-**yoo**no*

What would you like to eat?
¿Qué quieres comer?
*ke **kyer**-es ko**mer***

What would you like to drink?
¿Qué quieres beber?
*ke **kyer**-es be**ber***

Did you sleep well?
¿Has dormido bien?
*as dor-**mee**do byen*

What would you like to do today?
¿Qué quieres hacer hoy?
*ke **kyer**-es a-**ther** oy*

I will pick you up...
Te recogeré...
*te re-kokhe-**re**...*

at the station
en la estación
*en la esta-**thyon***

at... o'clock
a las...
a las...

May I phone home?
¿Puedo llamar a casa?
***pwe**do lya-**mar** a **ka**sa*

I like...
Me gusta...
*me **goo**sta...*

I don't like...
No me gusta...
*no me **goo**sta...*

Take care
Ten cuidado
*ten kwee-**da**do*

Thanks for everything
Gracias por todo
***grath**-yas por **to**do*

Thank you very much
Muchas gracias
***moo**chas **grath**-yas*

I've had a great time
Lo he pasado muy bien
*lo e pa-**sa**do mwee byen*

see also **BREAKDOWN ❐ CAR**

Public transport is free for children under 4. Children between 4 and 12 pay half price.

A child's ticket
Un billete de niño
*oon beel-**ye**-te de **neen**-yo*

Is there a reduction for children?
¿Hay descuento para niños?
*aee des-**kwen**-to para **neen**-yos*

Do you have a children's menu?
¿Tiene menú para niños?
***tyen**-e me-**noo pa**-ra **neen**-yos*

Is it OK to take children?
¿Está permitido llevar niños?
*es-**ta** per-mee-**tee**-do **lye**-bar **neen**-yos*

What is there for children to do?
¿Qué cosas hay para los niños?
*ke **ko**-sas aee para los **neen**-yos*

Is there a play park near here?
¿Hay algún parque infantil por aquí cerca?
*aee al-**goon par**-ke een-fan-**teel** por a-**kee ther**-ka*

Is it safe for children?
¿Es seguro para los niños?
*es se-**goo**-ro para los **neen**-yos*

Do you have...?
¿Tiene...?
***tyen**-e...*

a high chair
una trona
*oona **tro**na*

a cot
una cuna
*oona **koo**-na*

I have two children
Tengo dos hijos
***ten**go dos **ee**-khos*

Do you have any children?
¿Tiene hijos?
***tyen**-e **ee**-khos*

He/She is ... years old
Tiene ... años
***tyen**-e ... **an**yos*

He/She is 10 years old
Tiene diez años
***tyen**-e dyeth **an**-yos*

see also **HOSPITAL ❐ DOCTOR**

I'd like to arrange a meeting with...
Me gustaría concertar una reunión con...
*me goosta-**ree**-a konther**tar** oona re-oo-**nyon** kon ...*

Are you free to meet...?
¿Está usted libre para vernos...?
*es**ta** oos**ted** **lee**-bre para **ber**-nos...*

on the 4th of May at 1100
el cuatro de mayo a las once
*el **kwa**tro de **ma**yo a las **on**-the*

for breakfast
para desayunar
*para desa-yoo**nar***

for lunch
para comer
*para ko**mer***

for dinner
para cenar
*para the-**nar***

I will confirm by e-mail
Lo confirmaré por correo electrónico
*lo konfeer-ma-**re** por ko-**rre**-o elek-**tro**nee-ko*

I will confirm by fax
Lo confirmaré por fax
*lo konfeer-ma-**re** por faks*

I'm staying at Hotel...
Me alojo en el Hotel...
*me a-**lo**kho en el o-**tel**...*

How do I get to your office?
¿Cómo se va a su oficina?
***ko**mo se ba a soo ofee-**thee**na*

Please let ... know that I will be ... minutes late
Por favor, dígale a ... que voy a llegar ... minutos tarde
*por fa**bor** **dee**-gale a ... ke boy a lye**gar** ... mee-**noo**tos **tar**-de*

I have an appointment with...
Tengo una cita con...
***ten**go oona **thee**ta kon...*

at ... o'clock
a las...
a las...

Here is my card
Aquí tiene mi tarjeta
*a-**kee tyen**-e mee tar-**khe**ta*

I'm delighted to meet you at last
Es un gran placer para mí conocerle(la) por fin
*es oon gran pla-**ther** para mee kono-**ther**-le(la) por feen*

I don't know much Spanish
No sé mucho español
*no se **moo**cho espa-**nyol***

I'm sorry I'm late
Siento llegar tarde
***syen**-to lye-**gar tar**-de*

May I introduce you to...
Permítame presentarle a...
*per-**mee**-tame presen-**tar**-le a...*

Can I invite you to dinner?
Le(La) invito a cenar
*le(la) een-**bee**to a the-**nar***

Can you speak more slowly?
¿Puede hablar más despacio?
***pwe**-de a-**blar** mas des**pa**-thyo*

My flight was delayed
El vuelo llegó con retraso
*el **bwe**lo lyeg-**o**-do kon re-**tra**so*

■ YOU MAY HEAR

¿Está usted citado(a)?
*es**ta** oos**ted** thee-**ta**do(a)*
Do you have an appointment?

El Señor... / La Señora... no está en la oficina
*el se**nyor**... / la se-**nyo**ra... no es**ta** en la ofee-**thee**na*
Señor... / Señora... isn't in the office

Estará de vuelta en cinco minutos
*esta-**ra** de **bwel**ta en **theen**ko mee-**noo**tos*
He / She will be back in five minutes

see also **TELEPHONE ❒ E-MAIL ❒ INTERNET ❒ FAX**

ALPHABET

The Spanish alphabet treats ***ch, ll*** *and* ***ñ*** *as separate letters. Below are the words used for clarification when spelling something out.*

How do you spell it?		**A as in Antonio, b as in Barcelona**	
¿Cómo se escribe?		**A de Antonio, b de Barcelona**	
komo se es-**kree**be		a de an-**to**nyo be de bar-the-**lo**na	
A	a	**Antonio**	an-**to**nyo
B	be	**Barcelona**	bar-the-**lo**na
C	the	**Carmen**	**kar**men
CH	che	**Chocolate**	choko-**la**-te
D	de	**Dolores**	do**lo**-res
E	e	**Enrique**	en**ree**-ke
F	**e**-fe	**Francia**	**fran**thya
G	khe	**Gerona**	khe**ro**-na
H	**a**-che	**Historia**	ee**sto**-rya
I	ee	**Inés**	ee-**nes**
J	khota	**José**	koh-**se**
K	ka	**Kilo**	**kee**lo
L	**e**-le	**Lorenzo**	lo-**ren**tho
LL	**e**-lye	**Llobregat**	lyo-bre**gat**
M	**e**-me	**Madrid**	ma**dreed**
N	**e**-ne	**Navarra**	na-**ba**rra
Ñ	**e**-nye	**Ñoño**	**nyon**yo
O	o	**Oviedo**	o-**bye**do
P	pe	**Paris**	pa**rees**
Q	koo	**Querido**	ke-**ree**do
R	**e**-re	**Carta**	**kar**-ta
RR	**e**-rre	**Carrete**	ka-**rre**te
S	**e**-se	**Sábado**	**sa**-bado
T	te	**Tarragona**	tarra-**go**na
U	oo	**Ulises**	oo-**lee**-ses
V	**oo**-be	**Valencia**	ba-**len**thya
W	**oo**-be **do**-ble	**Washington**	**wa**-sheengton
X	**e**-kees	**Xilófono**	see-**lo**fono
Y	ee gree-**e**-ga	**Yegua**	**ye**-gwa
Z	**the**ta	**Zaragoza**	thara-**go**tha

1 lb = approx. 0.5 kilo | *1 pint = approx. 0.5 litre*

■ LIQUIDS

1/2 litre... *(c.1 pint)*	**medio litro de...**	***me**dyo **lee**tro de...*
a litre of...	**un litro de...**	*oon **lee**tro de...*
1/2 bottle of...	**media botella de...**	***me**dya bo-**te**lya de ...*
a bottle of...	**una botella de...**	*oona bo-**te**lya de...*
a glass of...	**un vaso de...**	*oon **ba**so de...*

■ WEIGHTS

100 grams of...	**cien gramos de...**	*thyen **gra**mos de...*
1/2 kilo of... *(c.1 lb)*	**medio kilo de...**	***me**dyo **kee**lo de...*
a kilo of...	**un kilo de...**	*oon **kee**lo de...*

■ FOOD

a slice of...	**una loncha de...**	*oona **lon**cha de...*
a portion of...	**una ración de...**	*oona ra-**thyon** de...*
a dozen...	**una docena de...**	*oona do-**the**na de...*
a box of...	**una caja de...**	*oona **ka**kha de...*
a packet of...	**un paquete de...**	*oon pa-**ke**-te de...*
a tin of...	**una lata de...**	*oona **la**ta de...*
a jar of...	**un tarro de...**	*oon **ta**rro de...*

■ MISCELLANEOUS

10 euros worth of...	**diez euros de...**	*dyeth e-**oo**ros de...*
a third	**un tercio**	*oon **ter**thyo*
a quarter	**un cuarto**	*oon **kwar**to*
ten per cent	**el diez por ciento**	*el dyeth por **thyen**to*
more...	**más...**	*mas*
less...	**menos...**	***me**nos*
enough	**bastante**	*bas**tan**-te*
double	**el doble**	*el **do**-ble*
twice	**dos veces**	*dos **be**-thes*
three times	**tres veces**	*tres **be**-thes*

NUMBERS

0	**cero**	*thero*
1	**uno**	*oono*
2	**dos**	*dos*
3	**tres**	*tres*
4	**cuatro**	*kwatro*
5	**cinco**	*theenko*
6	**seis**	*se-ees*
7	**siete**	*sye-te*
8	**ocho**	*o-cho*
9	**nueve**	*nwe-be*
10	**diez**	*dyeth*
11	**once**	*on-the*
12	**doce**	*do-the*
13	**trece**	*tre-the*
14	**catorce**	*kator-the*
15	**quince**	*keen-the*
16	**dieciséis**	*dyethee-se-ees*
17	**diecisiete**	*dyethee-sye-te*
18	**dieciocho**	*dyethee-o-cho*
19	**diecinueve**	*dyethee-nwe-be*
20	**veinte**	*be-een-te*
21	**veintiuno**	*be-eentee-oo-no*
22	**veintidós**	*be-eentee-dos*
23	**veintitrés**	*be-eentee-tres*
24	**veinticuatro**	*be-eentee-kwatro*
30	**treinta**	*tre-eenta*
40	**cuarenta**	*kwa-renta*
50	**cincuenta**	*theen-kwenta*
60	**sesenta**	*se-senta*
70	**setenta**	*se-tenta*
80	**ochenta**	*o-chenta*
90	**noventa**	*no-benta*
100	**cien**	*thyen*
110	**ciento diez**	*thyento dyeth*
500	**quinientos**	*keenyen-tos*
1,000	**mil**	*meel*
2,000	**dos mil**	*dos meel*
1 million	**un millón**	*oon mee-lyon*

1st	**primero 1er/1º**	*pree-mero*
2nd	**segundo 2º**	*se-goondo*
3rd	**tercero 3er/3º**	*ter-thero*
4th	**cuarto 4º**	*kwarto*
5th	**quinto 5º**	*keento*
6th	**sexto 6º**	*seksto*
7th	**séptimo 7º**	*sep-teemo*
8th	**octavo 8º**	*ok-tabo*
9th	**noveno 9º**	*no-beno*
10th	**décimo 10º**	*de-theemo*

days

LUNES	***loo**nes*	MONDAY
MARTES	***mar**tes*	TUESDAY
MIÉRCOLES	***myer**koles*	WEDNESDAY
JUEVES	***khwe**bes*	THURSDAY
VIERNES	***byer**nes*	FRIDAY
SÁBADO	***sa**bado*	SATURDAY
DOMINGO	*do**meen**go*	SUNDAY

seasons

LA PRIMAVERA	*la preema**be**ra*	SPRING
EL VERANO	*el be**ra**no*	SUMMER
EL OTOÑO	*el o**ton**yo*	AUTUMN
EL INVIERNO	*el een**byer**no*	WINTER

months

ENERO	*e**ne**ro*	JAN
FEBRERO	*fe**bre**ro*	FEB
MARZO	***mar**tho*	MARCH
ABRIL	*ab**reel***	APRIL
MAYO	***ma**yo*	MAY
JUNIO	***khoon**yo*	JUNE
JULIO	***khool**yo*	JULY
AGOSTO	*a**gos**to*	AUG
SEPTIEMBRE	*sep**tyem**bre*	SEP
OCTUBRE	*ok**too**bre*	OCT
NOVIEMBRE	*no**byem**bre*	NOV
DICIEMBRE	*dee**thyem**bre*	DEC

What is today's date?
¿Qué fecha es hoy?
*ke **fe**cha es oy*

What day is it today?
¿Qué día es hoy?
*ke **dee**-a es oy*

It's the 5th of March 2003
Es cinco de marzo del dos mil tres
*es **theen**ko de **mar**tho del dos meel tres*

on Saturday
el sábado
*el **sa**-bado*

on Saturdays
los sábados
*los **sa**-bados*

every Saturday
todos los sábados
***to**dos los **sa**-bados*

this Saturday
este sábado
***es**te **sa**-bado*

next Saturday
el sábado que viene
*el **sa**-bado ke **bye**-ne*

last Saturday
el sábado pasado
*el **sa**-bado pa-**sa**do*

in June
en junio
*en **khoo**nyo*

at the beginning of June
a primeros de junio
*a pree-**me**ros de **khoo**nyo*

at the end of June
a finales de junio
*a fee**na**-les de **khoo**nyo*

before summer
antes del verano
***an**-tes del be-**ra**no*

during the summer
en el verano
*en el be-**ra**no*

after summer
después del verano
*des-**pwes** del be-**ra**no*

see also **NUMBERS**

*The 24-hour clock is used a lot more in Europe than in Britain. After 1200 midday, it continues: **1300–las trece**, **1400–las catorce**, **1500–las quince**, etc. until **2400–las veinticuatro**. With the 24-hour clock, the words **cuarto** (quarter) and **media** (half) aren't used:*

13.15 *(1.15 pm)*	***las trece quince***
19.30 *(7.30 pm)*	***las diecinueve treinta***
22.45 *(10.45 pm)*	***las veintidós cuarenta y cinco***

What time is it, please? ¿Qué hora es, por favor? *ke **o**-ra es por fa**bor***		**am** de la mañana *de la ma-**nya**na*	**pm** de la tarde *de la **tar**-de*
It's ... Son... *son...*	**2 o'clock** las dos *las dos*	**3 o'clock** las tres *las tres*	**6 o'clock** *(etc.)* las seis *las **se**-ees*
It's 1 o'clock Es la una *es la oona*	**It's 1200 midday** Son las doce del mediodía *son las **do**-the del medyo-**dee**-a*		**At midnight** A medianoche *a medya **no**-che*

9	**las nueve** *las **nwe**be*
9.10	**las nueve y diez** *las **nwe**be ee dyeth*
quarter past 9	**las nueve y cuarto** *las **nwe**be ee **kwar**to*
9.20	**las nueve y veinte** *las **nwe**be ee be-**een**-te*
9.30	**las nueve y media** *las **nwe**be ee **me**dya*
9.35	**las diez menos veinticinco** *las dyeth **me**nos be-eentee-**theen**ko*
quarter to 10	**las diez menos cuarto** *las dyeth **me**nos **kwar**to*
10 to 10	**las diez menos diez** *las dyeth **me**nos dyeth*

see also **NUMBERS**

When does it open / close?
¿Cuándo abren / cierran?
kwando a-bren / thye-rran

When does it begin / finish?
¿Cuándo empieza / termina?
kwando em-pyetha / ter-meena

at 3 o'clock
a las tres
a las tres

before 3 o'clock
antes de las tres
an-tes de las tres

after 3 o'clock
después de las tres
des-pwes de las tres

today
hoy
oy

tonight
esta noche
esta no-che

tomorrow
mañana
ma-nyana

yesterday
ayer
a-yer

the day before yesterday
antes de ayer
antes de a-yer

the day after tomorrow
pasado mañana
pa-sado ma-nyana

in the morning
por la mañana
por la ma-nyana

this morning
esta mañana
esta ma-nyana

in the afternoon
por la tarde *(until dusk)*
por la tar-de

in the evening
por la tarde / por la noche *(late evening or night)*
por la tar-de / por la no-che

at half past 7
a las siete y media
a las sye-te ee medya

at about 10 o'clock
a eso de las diez
a eso de las dyeth

in an hour's time
dentro de una hora
dentro de oona o-ra

in a while
dentro de un rato
dentro de oon rato

two hours ago
hace dos horas
a-the dos o-ras

soon
pronto
pronto

early
temprano
tem-prano

late
tarde
tar-de

later
más tarde
mas tar-de

I'll do it...
Lo haré...
lo a-re...

as soon as possible
lo antes posible
lo an-tes posee-ble

...at the latest
...lo más tardar
...lo mas tardar

see also NUMBERS

TAPAS

A popular and inexpensive alternative is the Tapas bar – you'll find these wherever you go. It is a good way of trying out different foods.

Cafetería

*Normally serves some dishes as well as toasted sandwiches (**sándwiches**) and **pasteles** (cakes).*

Panadería

Bakery. They often sell snacks and sweets.

Pastelería

Cake shop

Confitería

Cake shop

Bodega

A wine cellar. Rather like a wine bar which serves food.

Restaurante

Mealtime is late in Spain. Lunch is generally served from 1 to 4.30 pm and dinner from 8 to 11.30 pm. The menu is displayed outside.

Platos Combinados

Consists of meat or fish with rice, potato, chips or vegetables.

CHIRINGUITO

Beach bar/café

Mesón

Traditional-style tavern restaurant.

Heladería

*Ice-cream parlour which also serves milkshakes: **batidos**.*

If you want a strong black coffee ask for ***un café solo****. For a white coffee ask for* ***un café con leche****. Tea in Spain tends to be served weak and with lemon. And watch you ask for tea with milk, as it is likely that the tea bag would be put straight into hot milk. It is best to ask for the milk served separately (****aparte****).*

a coffee
un café
*oon ka-**fe***

a lager
una cerveza
*oona ther-**be**tha*

a dry sherry
un fino
*oon **fee**no*

...please
...por favor
*...por fa**bor***

a tea...
un té...
oon te...

with the milk apart
con la leche aparte
*kon la **le**-che a**par**-te*

with lemon
con limón
*kon lee-**mon***

for two
para dos
para dos

for me
para mí
para mee

for him / her
para él / ella
*para el / **e**-lya*

for us
para nosotros
*para no-**so**tros*

with ice, please
con hielo, por favor
*kon **ye**lo por fa**bor***

no sugar
sin azúcar
*seen a-**thoo**kar*

Have you sweetener?
¿Tiene sacarina?
***tyen**-e saka-**ree**na*

A bottle of mineral water
Una botella de agua mineral
*oona bo-**te**lya de **a**gwa mee-ne**ral***

sparkling
con gas
kon gas

still
sin gas
sin gas

Would you like a drink?
¿Le apetece tomar algo?
*le a-pe**te**-the to**mar al**go*

What will you have?
¿Qué va a tomar?
ke** ba a to**mar

■ OTHER DRINKS TO TRY

un café con hielo *iced coffee*
un chocolate *rich-tasting hot chocolate, often served with* **churros**
una horchata *refreshing tiger nut milk*
un zumo *juice:* **de melocotón** *peach,* **de tomate** *tomato*
un anís *aniseed apéritif*
un batido *milkshake:* **de chocolate** *chocolate,* **de fresa** *strawberry,* **de vainilla** *vanilla*

Restaurants will have the menu displayed next to the entrance. If you don't want a full meal, ***tapas*** *are an ideal way of trying out the different tastes of Spain. A list of* ***tapas*** *can be found on page 95.*

Platos Combinados	**usually meat or fish served with rice, chips or potatoes with veg.**
Menú del día	**3-course meal often including wine**
desayunos y meriendas	**breakfasts and snacks**
tapas y raciones	**Tapas and portions. Portions are a bigger quantity of tapas.**

La Carta	*Menu*
Entremeses	*Starters*
Sopas	*Soups*
Ensalada	*Salads*
Carnes	*Meat*
Pescados	*Fish*
Huevos	*Egg dishes*
Revueltos	*Scrambled egg cooked with mushroom, spinach or asparagus*
Pastas	*Pasta*
Arroz	*Rice dishes*
Quesos	*Cheese*
Postres	*Dessert*
Bebidas	*Drinks*

For those who are vegetarian, or who prefer vegetarian dishes, turn to the VEGETARIAN topic on p. 92 for further phrases.

Where can I/we have a snack?
¿Dónde se puede comer algo?
__don__-de se __pwe__-de ko__mer__ __al__go

not too expensive
que no sea demasiado caro
ke no __se__-a dema-__sya__do __ka__ro

Can you recommend a good local restaurant?
¿Puede recomendarnos algún buen restaurante de aquí?
__pwe__-de reko-men__dar__-nos al-__goon__ bwen restow-__ran__-te de a-__kee__

I'd like to book a table for ... people
Quisiera reservar una mesa para ... (personas)
kees-__ye__ra reser-__bar__ oona __me__sa para ... (per-__so__nas)

for tonight...
para esta noche...
para __es__ta __no__-che...

for tomorrow night...
para mañana por la noche...
para ma-__nya__na por la __no__-che...

at 9 pm
a las nueve
a las __nwe__-be

The menu, please
La carta, por favor
la __kar__ta por fa__bor__

What is the dish of the day?
¿Cuál es el plato del día?
kwal es el __pla__to del __dee__-a

Do you have...?
¿Tienen...?
__tyen__-en...

a set-price menu
menú del día
me__noo__ del __dee__-a

a children's menu
menú para niños
me__noo__ para __nee__nyos

Can you recommend a local dish?
¿Puede recomendarnos algún plato típico de aquí?
__pwe__-de reko-men__dar__-nos al-__goon__ __pla__to __tee__-peeko de a-__kee__

What is in this?
¿Qué lleva este plato?
ke __lye__ba __es__te __pla__to

I'll have this *(point at menu)*
Voy a tomar esto
boy a to__mar__ __es__to

Excuse me!
¡Oiga, por favor!
__oy__ga por fa__bor__

Please bring...
¿Nos trae...?
nos __tra__-e...

more bread
más pan
mas pan

more water
más agua
mas __a__gwa

another bottle
otra botella
__o__-tra bo-__te__lya

the bill
la cuenta
la __kwen__ta

Is service included?
¿Está incluido el servicio?
es__ta__ eenkloo-__ee__do el ser-__bee__thyo

Don't expect great things – the Spanish love good meat!

Are there any vegetarian restaurants here?
¿Hay algún restaurante vegetariano aquí?
__a__-ee al-__goon__ restow-__ran__-te be-kheta-__rya__no a-__kee__

Do you have any vegetarian dishes?
¿Tienen algún plato vegetariano?
__tyen__-en al-__goon__ __pla__to be-kheta-__rya__no

Which dishes have no meat / fish?
¿Cuáles son los platos que no llevan carne / pescado?
__kwa__-les son los __pla__tos que no __lye__ban __kar__-ne / pes-__ka__do

What fish dishes do you have?
¿Qué tienen de pescado?
ke __tyen__-en de pes-__ka__do

I'd like pasta as a main course
De primero, quisiera tomar pasta
de pree-__mer__o kee-__sye__ra to__mar__ __pas__ta

I don't like meat
No me gusta la carne
no me __goo__sta la __kar__-ne

What do you recommend?
¿Qué me recomienda?
ke me reko-__myen__da

Is it made with vegetable stock?
¿Está hecho con caldo de verduras?
es__ta__ __e__-cho kon __kal__do de ber-__doo__ras

■ POSSIBLE DISHES

berenjenas *aubergines*
ensalada *salad*
espárragos *asparagus*
gazpacho *cold cucumber, peppers, garlic and tomato soup*
pisto *peppers, courgettes, onions cooked in a tomato sauce*
judias verdes *French beans*
revuelto de champiñones *mushrooms with scrambled eggs*
revuelto de espinacas *spinach with scrambled eggs*
tortilla española *omelette with potato and onions*

 see also **EATING PLACES ❐ WINES & SPIRITS**

The wine list, please
La carta de vinos, por favor
*la **kar**ta de **bee**nos por fa**bor***

Can you recommend a good wine?
¿Puede recomendarnos un buen vino ?
***pwe**-de reko-men**dar**-nos oon **bwe**n **bee**no*

A bottle...
Una botella...
*oona bo-**te**lya...*

A carafe...
Una jarra...
*oona **kha**rra...*

of the house wine
de vino de la casa
*de **bee**no de la **ka**sa*

of red wine
de vino tinto
*de **bee**no **teen**to*

of white wine
de vino blanco
*de **bee**no **blan**ko*

of rosé wine
de vino rosado
*de **bee**no ro-**sa**do*

of dry wine
de vino seco
*de **bee**no **se**ko*

of sweet wine
de vino dulce
*de **bee**no **dool**-the*

of a local wine
de vino de la tierra
*de **bee**no de la **tye**rra*

Albariño *smooth white wine from Galicia*
Alella *dry, medium-dry white wines from Cataluña*
Alicante *strong country reds and* **Fondillón**, *aged mature wine*
Cariñena *mainly red wines, best drunk young, from Aragón*
Cava *good quality sparkling white wine from Penedés (similar to Champagne)*
Cigales *light, fruity, dry rosé wines from Castilla-León*
Jumilla *strong, dark red wines from Murcia*
Lágrima *one of the best of the* **Málaga** *wines, very sweet*
La Mancha *firm whites and reds from Castilla-La Mancha*
Málaga *fortified, sweet, dark dessert wine*
Navarra *full-bodied reds from Navarra*
Penedés *fine reds, rosés and whites. Home of* **Cava**

cont...

Ribeiro *young, fresh, white wines from Galicia*

Ribera del Duero *fruity rosés and deep distinguished reds from the banks of the river Duero in Castilla-León***Rioja** *some of the finest red wines of Spain: full-bodied, rich and aged in oak. Also good white Riojas aged in oak*

Valdepeñas *soft, fruity, red wines and white wines*

■ TYPES OF SHERRY

Jerez *sherry*

Fino *light, dry sherry, usually served chilled as an apéritif*

Amontillado *dry, nutty, amber sherry made from matured* **fino**

Oloroso *a dark, rich sherry which has been aged. It is often sweetened and sold as a cream sherry*

Palo cortado *midway between an* ***oloroso*** *and a* ***fino***

■ OTHER DRINKS

What liqueurs do you have?
¿Qué licores tienen?
*ke lee**ko**-res **tyen**-en*

Anís *aniseed-flavoured liqueur*

Coñac *Spanish brandy*

Orujo *strong spirit made from grape pressings*

Pacharán *sloe brandy*

Ron *rum*

Sangría *red wine, brandy, lemonade and fruit served chilled*

Sidra *dry cider from Asturias*

see also **IN A BAR/CAFÉ**

Tapas

*There are many different varieties of **tapas** depending on the region. This is a list of some of the most common **tapas** that can be found in any part of Spain. A larger portion of **tapas** is called a **ración**. A **pincho** is another word for a **tapa**.*

Asadillo/Asadura de pimientos roasted red peppers marinated in olive oil and garlic

Berenjenas fritas fried aubergines

Boquerones en vinagre fresh anchovies marinated in garlic, parsley and olive oil

Croquetas de carne/pescado meat/fish croquettes with bechamel

Ensaladilla rusa potato salad with vegetables, tuna, hard-boiled eggs and mayonnaise

Fritura de pescado assorted deep-fried fish

Gambas al ajillo grilled shrimps sautéed in olive oil, garlic, parsley and dry white wine

Gambas plancha grilled shrimps

Japuta/Cazón en adobo marinated promfet/dogfish

Montadito de lomo grilled pork fillet marinated in paprika and garlic, served on toasted bread

Patatas alioli potato in garlic and olive oil vinaigrette

Patatas bravas fried potato cubes with a spicy tomato sauce

Pinchitos morunos grilled skewers or pork tenderloin marinated in spices, garlic and olive oil

Pincho de tortilla small portion of Spanish omelette

Pulpo a la vinagreta octopus marinated in garlic, onions, peppers, olive oil and lemon juice

Rabo de toro en salsa oxtail stew

Salmorejo thick cold tomato soup made with tomatoes, bread, garlic and olive oil

A

...a la/al in the style of
...a la Navarra stuffed with ham
...a la parilla/ plancha grilled
...a la romana fried in batter
...al horno baked/roast
aceite oil
aceite de oliva olive oil
aceitunas olives
aceitunas rellenas stuffed olives
acelgas Swiss chard
adobo, ...en marinated
agua water
agua mineral mineral water
agua con gas sparkling water
agua sin gas still water
aguardiente a kind of clear grape brandy distilled from fermented fruit juice
ahumado smoked
ajetes garlic shoots
ajillo, ...al with garlic
ajo garlic
ajo blanco kind of garlic,bread and almond soup served cold. Sometimes served with diced apple and raisins.
ajo de las manos sliced, boiled potatoes mixed with a garlic, oil and vinegar dressing, and flavoured with red chillies
albahaca basil
albaricoque apricot
albóndigas meatballs in sauce
alcachofas artichokes
alcachofas a la vinagreta artichokes served with a strong vinaigrette
alcachofas con jamón sautéed artichoke hearts with cured ham
alcachofas rellenas stuffed artichokes
alcaparras capers
aliño dressing
alioli/allioli olive oil and garlic mashed together into a creamy paste similar to mayonnaise. Served with meat, potatoes or fish
almejas clams
almejas a la marinera steamed clams cooked with parsley, wine and garlic
almendras almonds
alubias large white beans found in many stews

amontillado medium-dry to dry sherry, very prized

ancas de rana frogs' legs

anchoa anchovy

anguila eel

angulas baby eels, highly prized

angulas al ajillo baby eels cooked with garlic

angulas en cazuelita garlic-flavoured, fried baby eels seasoned with hot pepper

anís (seco or **dulce)** aniseed liqueur, dry or sweet, normally drunk as a long drink with water and ice

apio celery

arenque herring

arroz rice

arroz a banda a dish of rice and fish. The dish is served in two courses: first the rice cooked with saffron is served and then the fish that has been cooked in it

arroz a la cubana rice with fried egg and tomato sauce

arroz a la levantina rice with shellfish, onions, artichokes, peas, tomatoes and saffron

arroz a la marinera rice with seafood

arroz a la valenciana Valencian version of paella, sometimes cooked with eel

arroz a la zamorana rice with pork, peppers and garlic

arroz blanco boiled rice

arroz con costra rice with chicken, rabbit, sausages, chickpeas and pork meatballs baked in oven with egg topping

arroz con leche rice pudding flavoured with cinnamon

arroz con pollo rice with chicken, garnished with peas and peppers

arroz negro black rice (with squid in its own ink)

arroz santanderino rice cooked with salmon and milk

asado roasted

asadillo roasted sliced red peppers in olive oil and garlic

atún tuna (usually fresh)

atún con salsa de tomate tuna fish in tomato sauce

avellana hazelnut

azafrán saffron

azúcar sugar

B

bacalao salt cod, cod

bacalao a la vizcaína salt cod cooked with dried peppers, onions and parsley

bacalao al ajo arriero salt cod fried with garlic to which is added vinegar, paprika and parsley

bacalao al pil-pil a Basque speciality – salt cod cooked in a creamy garlic and olive oil sauce

bacalao con patatas salt cod slowly baked with potatoes, peppers, tomatoes, onions, olives and bay leaves

bacalao de convento salt cod cooked with spinach and potato

bajoques farcides peppers stuffed with rice, pork and tomatoes spices

bandeja de quesos cheese platter

barbacoa, ...a la barbecued

berenjena aubergine (egg-plant)

berenjenas a la catalana aubergines with tomato sauce, Catalan style

berenjenas rellenas stuffed aubergines (usually with mince)

berenjenas salteadas aubergines sautéed with tomatoes and onions

besugo red bream

bistec steak

bizcocho sponge

bizcocho borracho sponge soaked in wine and syrup

blanco y negro a milky coffee with ice

bocadillo sandwich (French bread)

bogavante lobster

bonito tunny fish, lighter than tuna, good grilled

boquerones fresh anchovies

boquerones fritos fried anchovies

brasa, ...a la barbecued

buñuelos type of fritter. Savoury ones are filled with cheese, ham, mussels or prawns. Sweet ones can be filled with fruit

buñuelos de bacalao salt cod fritters

butifarra special sausage from Catalonia
butifarra blanca white sausage containing pork and tripe
butifarra negra black sausage containing pork blood, belly and spices

C

caballa mackerel
cabello de ángel sweet pumpkin filling
cabrito kid (goat)
cabrito al horno roast kid
cacahuete peanut
cachelada chopped boiled potatoes and cabbage with garlic, red pepper and fried bacon. Often served with *chorizo*
café coffee
café con leche white coffee
café cortado coffee with only a little milk
café descafeinado decaffeinated coffee
café helado iced coffee
café solo black coffee
calabacines courgettes
calabacines rellenos stuffed courgettes
calabaza guisada stewed pumpkin

calamares squid
calamares a la romana fried squid rings in batter
calamares en su tinta squid cooked in its own ink
calamares fritos fried squid
calamares rellenos stuffed squid
calçotada roasted spring onion laced with olive oil and almonds. Typical of Tarragona
caldeirada fish soup from Galicia
caldereta stew/casserole
caldereta de cordero lamb casserole
caldereta de langosta lobster stew
caldereta de pescado fish stew
caldo clear soup
caldo de pescado fish soup
caldo gallego clear soup with green vegetables, beans, pork and chorizo
caliente hot
callos tripe

callos a la madrileña fried tripe casseroled in a spicy paprika sauce with tomatoes and chorizo
camarones shrimps
canela cinnamon
cangrejo crab
caracoles snails
caracoles de mar winkles
caracolillos winkles
carajillo black coffee with brandy which may be set alight depending on regional customs
cardo cardoon, plant related to the artichoke
carne meat
carne de buey beef
carne picada minced meat
carnero mutton
cassolada pork and vegetable stew from Catalonia
castaña chestnut
cava champagne-style sparkling wine
cazuela de fideos legumes, meat and noodle stew
cebolla onion
cebollas rellenas stuffed onions
centollo spider crab
cerdo pork
cerdo asado roast pork
cerezas cherries
cerveza beer
champán champagne
champiñones mushrooms
chanfaina a stew made from pig's liver and other parts
chanquetes whitebait
chilindrón, ...al sauce made with pepper, tomato, fried onions and meat (pork or lamb)
chistorra spicy sausage from Navarra
chocolate drinking chocolate (thickened)
chorizo spicy red sausage. The larger type is eaten like salami, the thinner type is cooked in various dishes
choto kid/calf
choto albaicinero kid fried with garlic from Granada
chuleta chop
chuleta de cerdo pork chop
chuleta de ternera veal/beef chop
chuletas de cordero grilled lamb chops
chuletón large steak

churrasco barbecued steak

churros fried batter sticks sprinkled with sugar, usually eaten with thick hot chocolate

ciervo deer (venison)

cigalas king prawns

ciruelas plums

coca (coques) type of pizza with meat, fish or vegetables served in the Balearic Islands. They can also be sweet

cochinillo roast suckling pig

cocido stew made with various meats, vegetables and chickpeas. There are regional variations of this dish and it is worth trying the local version

cocido de lentejas thick stew of lentils and chorizo

cocido de pelotas a rich spicy stew with mince wrapped in cabbage leaves containing pork and chick-peas

coco coconut

cóctel de gambas prawn cocktail

codillo de cerdo pig's trotter

codornices asadas roast quail

codorniz quail

col cabbage

coles de Bruselas Brussel sprouts

coliflor cauliflower

comino cumin

coñac brandy; it can be on the dry side or sweet and fragrant, as the Spaniards prefer

conchas finas large scallops

conejo rabbit

consomé consommé

consomé al jerez consommé with sherry

consomé de gallina chicken consommé

copa goblet

copa de helado ice-cream sundae

coques see **coca**

coques de torró wafers filled with almonds, sold at Christmas in Majorca

cordero lamb

cordero al chilindrón lamb in a spicy pepper sauce

cordero asado roast lamb

cordero asado a la manchega spit-roasted young lamb

cordero relleno trufado lamb stuffed with truffles

costillas ribs

costillas de cerdo pork ribs

crema cream soup/cream

crema catalana similar to crème brûlée

crema de espárragos cream of asparagus

crema de tomate cream of tomato soup

crema generic name given to smooth liqueurs, i.e. **crema de naranja** (orange cream)

cremat coffee with brandy and rum, served in Catalonia

croquetas croquettes (made with thick bechamel sauce)

croquetas de camarones shrimp croquettes

crudo raw

cuajada cream-based dessert served with honey or sugar

cubalibre coca-cola mixed with rum or gin

culantro coriander

D

dátiles dates

descafeinado decaffeinated

dorada sea bream

dorada a la sal sea bream cooked in the oven, covered only with salt, forming a crust

dorada al horno baked sea bream

dulce sweet

E

embutido sausage, cold meat

empanada pastry/pie filled with meat or fish and vegetables

empanadilla pasty/small pie filled with meat or fish

empanado breadcrumbed and fried

ensaimada sweet spiral-shaped yeast bun from Majorca

ensalada (mixta/verde) (mixed/green) salad

ensalada de la casa lettuce, tomato and onion salad (may include tuna)

ensalada de huevos salad with hard boiled eggs

ensaladilla rusa diced cooked vegetables and potatoes in mayonnaise

entrecot entrecôte steak

entremeses starters

entremeses de fiambre cold meat hors d'œuvres

entremeses de pescado fish hors d'œuvres

escabeche, ...en pickled

escabeche de pescado fish marinated in oil and served cold

escalfado poached

escalivada salad of char-grilled vegetables such as peppers and aubergines soaked in olive oil

escalope de ternera veal/beef escalope

escarola endive

escudella meat, vegetable and chickpea stew. Traditionally served as two courses: a soup and then the cooked meat and vegetables

escudilla de pages white bean, sausage, ham and pork soup

espárragos asparagus

espárragos con mahonesa asparagus with mayonnaise

espinacas gratinadas spinach au gratin

esqueixada salad made with salt cod

estofado braised/stewed

estofado de cordero lamb stew

estofado de ternera veal/beef stew

estragón tarragon

F

fabada asturiana pork, cured ham, black pudding, large butter beans or sausage stew, chorizo and morcilla

fabes large white haricot beans

faisán pheasant

farinatos fried sausages served with eggs

fiambre cold meat

fiambre de tenera veal pâté

fiambres surtidos assorted cold meats

fideos noodles/thin ribbons of pasta (vermicelli)

fideos a la cazuela noodles cooked with pork, sausages, ham and **sofrito** (fried onions, garlic and tomato)

fideuà amb marisc seafood dish with fine pasta (vermicelli)

filete fillet steak

filete de ternera veal/beef steak

filete a la plancha grilled fillet steak

filetes de lenguado sole-fillets

fino the finest sherry, light and dry, equally good when young or after being aged

flan crème caramel

frambuesas raspberries

fresas strawberries

fresas con nata strawberries and cream

frijoles beans (name used in the Canary Islands)

frío cold

frite pieces of lamb fried in olive oil and paprika

frito fried

fritura de pescado fried assortment of fish

fruta fruit

fruta del tiempo fruit in season

frutos secos nuts

G

galleta biscuit

gallina hen

gambas prawns

gambas a la plancha grilled prawns

gambas al ajillo grilled prawns with garlic

gambas pil-pil sizzling prawns cooked with chillies

ganso goose

garbanzos chickpeas

garbanzos con espinacas chickpeas with spinach

garrotxa goat's cheese

gazpacho traditional cold creamy tomato soup of southern Spain. There are many different recipes. Basic ingredients are water, tomatoes, garlic, fresh breadcrumbs, salt, vinegar and olive oil. Should be served chilled with diced cucumbers, hard-boiled eggs and cured ham (in some Southern parts they add other vegetables)

gazpacho extremeño a version of gazpacho made with finely chopped green peppers and onions

ginebra gin

gofio toasted corn meal often rolled into balls and eaten as a bread substitute in the Canary Islands

gran reserva classification given to aged wines of exceptional quality

granada pomegranate

granizado fruit drink with crushed ice

gratinado au gratin

grelos young turnip tops

guindilla chilli

guisado stew or casserole

guisantes peas

guisantes a la española boiled peas with cured ham, lettuce, carrots and onions

H

habas broad beans

habas a la catalana broad beans cooked in pork fat often served wlth chorizo

habas con jamón broad beans with cured ham

hamburguesa hamburger

helado ice cream

hervido boiled

hígado liver

hígado con cebolla fried calf's liver with onions

higos figs

higos secos dried figs

horchata de chufas cool drink made with tiger nuts

horno, ...al baked (in oven)

huevos eggs

huevos a la española stuffed eggs with a cheese sauce

huevos a la flamenca baked eggs with tomatoes, peas, peppers, asparagus and chorizo

huevos al plato eggs baked in butter

huevos con jamón fried eggs and cured ham

I

infusión herbal tea

Intxaursalsa whipped cream and walnut pudding

J

jamón ham

jamón de Jabugo Andalusian prime-quality cured ham

jamón de York cooked ham

jamón serrano dark red cured ham

jengibre ginger

jerez sherry
jibia cuttlefish
judías beans
judías blancas haricot beans
judías verdes green beans
judías verdes a la castellana/española boiled green beans mixed with fried parsley, garlic and peppers
jurel horse mackerel

K

kokotxas hake's cheek usually fried

L

lacón con grelos salted pork with young turnip tops and white cabbage
langosta lobster
langosta a la catalana potatoes with a lobster filling served with mayonnaise
langostinos king prawns
langostinos a la plancha grilled king prawns
langostinos a la vinagreta casseroled crayfish with hardboiled eggs served in a vinaigrette sauce
laurel bay leaf
lechazo young lamb (roasted)
leche milk
leche caliente hot milk
leche fría cold milk
leche frita very thick custard dipped into an egg and breadcrumb mixture, fried and served hot in squares
leche merengada type of ice cream made with egg whites, sugar and cinnamon (can be drunk as a milkshake)
lechuga lettuce
legumbres fresh or dried pulses
lengua tongue
lenguado sole
lenguado a la romana sole fried in batter
lenguados fritos fried fillets of sole often served on a bed of mixed sautéed vegetables
lenguados rellenos fillets of sole stuffed with shrimps or prawn
lentejas lentils (very popular in Spain)
licor liqueur
liebre hare
liebre estofada stewed hare
limón lemon

limonada lemonade (normally canned and fizzy)

lomo loin of pork

longaniza spicy pork sausage

longaniza con judías blancas spicy pork sausage with white beans

lubina sea bass

lubina a la asturiana Asturian-style sea bass, with cider

lubina al horno baked sea bass with potatoes, onion, tomato and garlic

M

macarrones macaroni

macedonia de fruta fruit salad

magras con tomate slices of fried ham dipped into tomato sauce

mahonesa mayonnaise

maíz sweetcorn

majorero goat's cheese from Canary Islands

manitas de cerdo pig's trotters

mantequilla butter

manzana apple

manzanas rellenas stuffed baked apples

manzanilla camomile tea (not to be confused with **manzanilla** as a sherry)

manzanilla very dry special sherry

marinado marinated

mariscada mixed shellfish

marisco shellfish ; seafood

marmitako tuna fish and potato stew

mayonesa mayonnaise

mazapán marzipan

medallón thick steak (medallion)

mejillones mussels

mejillones a la marinera mussels steamed in wine

mejillones al vapor mussels (steamed)

melocotón peach

melocotón en almíbar peaches in syrup

melón melon

melón con jamón melon and cured ham

membrillo quince jelly

menestra de verduras fresh vegetable stew often cooked with cured ham

merluza hake, one of the most popular fish in Spain
merluza a la asturiana boiled hake served with mayonnaise and garnished with hard boiled eggs
merluza a la sidra hake baked with clams, onions and cider
merluza en salsa verde hake with green sauce (with parsley)
mermelada jam
mero grouper
miel honey
migas cubes of bread (like croûtons) usually fried in garlic, olive oil with streaky bacon and sometimes chorizo
migas con jamón ham with breadcrumbs
migas extremeñas breadcrumbs fried with egg and spicy sausage
mollejas sweetbreads
mojama cured tuna fish, a delicacy
mojo a sauce made from olive oil, vinegar, garlic and different spices. Paprika is added for the red mojo. Predominantly found in the Canaries
mojo verde mojo made with fresh coriander
mojo picón spicy ***mojo*** made with chilli peppers
mollejas sweetbreads
mollejas de ternera calves' sweetbread
morcilla black pudding
moros y cristianos boiled rice, black beans and onions served with garlic sausage
moscatel muscat grape wine, sweet and fragrant
mostaza mustard

N

nabo turnip
naranja orange
naranjada orangeade
nata cream
natillas custard
navajas razor clams
nécora sea crab
nectarinas nectarines
naranja orange
níspero loquat
nuez moscada nutmeg

O

olla stew made traditionally with white beans, beef and bacon
olla gitana thick stew/soup made with chickpeas, pork and vegetables and flavoured with almonds and saffron
olla podrida thick cured ham, vegetable and chick-pea stew/soup
oloroso sweet, darker sherry
orejas de cerdo a la plancha grilled pigs's ears
ostras oysters

P

paella one of the most famous of Spanish dishes. Paella varies from region to region but usually consists of rice, chicken, shellfish, vegetables, garlic and saffron. The dish's name derives from the large shallow pan in which it is cooked. The traditional paella Valenciana contains rabbit, chicken and sometimes eel
paella de mariscos a rice and shellfish paella
pan bread
pan de higos dried figs pressed together in the shape of a small cake
panades lamb pasties eaten at Easter in Balearics
panchineta almond and custard tart
panecillo bread roll
panelleta small cakes with pine nuts and almonds
papas arrugadas potatoes cooked in skins with garlic
parrilla, ...a la grilled
parrillada mixed grill (can be meat or fish)
parrillada de mariscos mixed grilled shellfish
pasas raisins
pasta pasta
pastel cake/pastry
pastel de carne meat pie
pastel de ternera veal/beef pie
patatas potatoes
patatas arrugadas potatoes cooked in their skins with garlic
patatas bravas sliced boiled potatoes mixed with a garlic, oil and vinegar

dressing and flavoured with red chilli peppers

patatas con chorizo potatoes cooked with chorizo

patatas fritas chips/ crisps

patatas nuevas new potatoes

pato duck

pato a la sevillana joints of wild duck cooked with sherry, onion, tomatoes, herbs and garlic, served in an orange and olive sauce

pavo turkey

pavo relleno stuffed turkey

pechuga de pollo chicken breast

pechugas en bechamel chicken breast in bechamel sauce

Pedro Ximénez sweet, rich sherry-type dessert wine

pepino cucumber

pepitoria de pavo/pollo turkey/chicken fricassée

pera pear

percebes goose-neck barnacle, a Galician shellfish

perdices con chocolate partridge with a chocolate sauce

perdiz partridge

perejil parsley

pescado fish

pescaíto frito mixed fried fish

pez espada swordfish

picada sauce made of chopped parsley, almonds, pine nuts and garlic

pichones young pigeon

pimentón *(sweet)* paprika ; *(spicy)* cayenne pepper

pimienta pepper (spice)

pimientos red and green peppers, one of the typical Spanish flavours

pimientos de piquillo pickled red peppers

pimientos morrones sweeet red peppers

pimientos rellenos peppers stuffed with meat or fish

piña pineapple

pinchos small tapas

pinchos morunos pork grilled on a skewer

piperrada type of scrambled eggs with red and green peppers, tomato, onion, garlic and paprika. A typical dish from the Basque country.

pipirrana a salad of fish, roast red peppers, tomatoes, hard-boiled eggs and onions, from Andalusia

pisto manchego a mixture of sautéed peppers, onions, aubergines, tomatoes, garlic and parsley. Similiar to French ratatouille. Served hot or cold

plancha, ...a la grilled

plátano banana

platija plaice (flounder)

plato dish

plato del día dish of the day

platos combinados quick meal usually eaten in a bar; consists of assorted food served together on one plate

pollo chicken

pollo al chilindrón chicken cooked with onion, ham, garlic, red pepper and tomatoes

pollo asado roast chicken

pollo con patatas chicken and chips

pollo en pepitoria breaded chicken pieces fried, then casseroled with herbs, almonds, garlic and sherry

pollo estofado chicken stewed with potatoes, mushrooms, shallots, bay leaves and mushrooms

pollo relleno stuffed chicken

polvorones very crumbly cakes made with almonds and often eaten with a glass of ***anís***

pomelo grapefruit

porras (*or* **churros)** fried sticks of batter

postres desserts

potaje thick soup/stew often with pork and pulses

potaje murciano red bean, french bean and rice soup

pote thick soup with beans and sausage which has many regional variations

pote gallego thick soup made with cabbage, white kidney beans, potatoes, pork and sausage

primer plato first course

puchero hotpot made from meat or fish

puchero canario salted fish and potatoes served with *mojo* sauce

puerros leeks

pulpo octopus

puré de garbanzos thick chickpea soup
puré de patatas mashed potatoes

Q

queimada warm drink made with ***aguardiente*** (clear brandy) sweetened with sugar and flamed, a speciality from Galicia
quesada dessert similar to cheesecake
queso cheese
queso de Burgos curd cheese from Burgos
queso de cabrales strong blue cheese from Asturias
queso de Idiazábal smoked sheep's milk cheese from the Basque country
queso de Mahón strong hard cheese from Menorca
queso de oveja mild sheep's cheese from León
queso de Roncal hard, smoked sheep's cheese
queso de tetilla soft, white cheese made in the form of a woman's breast
queso fresco green cheese
queso manchego hard sheep's curd cheese from La Mancha

R

rábanos radishes
rabo de toro bull's tail, usually cooked in a stew
rancio dessert wine
ración portion of tapas
rape monkfish
rape a la marinera monkfish cooked with wine
raya skate
rebozado in batter
refresco de fruta fruit drink with ice
rehogado lightly fried
relleno stuffed
remolacha beetroot
repollo cabbage
requesón cottage cheese
reserva wines of good quality that have been aged, but not as long as ***gran reserva***
revuelto scrambled eggs often cooked with another ingredient
revuelto de champiñones scrambled eggs with mushrooms

revuelto de espárragos scrambled eggs with asparagus
revuelto de espinacas scrambled eggs with spinach
revuelto de gambas scrambled eggs with prawns
revuelto de morcilla scrambled eggs with black pudding

riñones al jerez kidneys in sherry sauce

rodaballo turbot

romana, ...a la fried in batter (generally squid – *calamares*)

romero rosemary

romesco sauce made traditionally with olive oil, red pepper and bread. Other ingredients are often added, such as almonds and garlic
romesco de pescado fish in a sauce of peppers, olive oil and bread with almonds

ron rum

rosco type of doughnut
roscón de reyes a large bun-like cake in the shape of a ring, similar to Italian panettone and eaten at Epiphany

S

sal salt

salchicha sausage

salchichón salami-type sausage

salmón salmon
salmón a la parilla grilled salmon
salmón a la ribereña salmon fried with ham cooked with cider
salmón ahumado smoked salmon

salmonete red mullet
salmonete frito fried red mullet

salpicón chopped seafood or meat with tomato, onion, garlic and peppers

salsa sauce
salsa de tomate tomato sauce
salsa romesco sauce made of almonds and hazelnuts with mild chilli. Often served with fish and chicken
salsa verde garlic, olive oil and parsley sauce often served with fish

salteado sautéed

samfaina a dish of peppers, aubergines and tomatoes to which meat is often added

sandía watermelon

sándwich sandwich (usually toasted)

sangría red wine mixed with fruit, lemonade, sugar and ice often with cinnamon added

sardinas sardines

sardinas a la santanderina sardines cooked with tomato, Santander style

sardinas asadas barbecued sardines

sardinas frescas/fritas fresh/fried sardines

sardinas rebozadas sardines cooked in batter

sargo type of bream

seco dry

sepia cuttlefish

sesos brains

sesos a la romana brains fried in batter

sesos fritos fried brains

setas wild mushrooms

sidra cider

sifón soda water

sobrasada a paprika-flavoured pork sausage from Mallorca

sofrito basic sauce made with slowly fried onions, garlic and tomato

solomillo sirloin

solomillo de ternera veal/beef sirloin

sopa soup

sopa castellana see ***sopa de ajo***

sopa de ajo garlic soup with bread. May contain poached egg or cured ham

sopa de arroz rice soup

sopa de cebolla onion soup

sopa de cocido meat soup

sopa de fideos noodle soup

sopa de gallina chicken soup

sopa de rabo oxtail/bulltail soup

sopa mallorquina tomato, onion and pepper soup thickened with breadcrumbs

sopa de mariscos shellfish soup

sopa de pescado fish soup

sopa de pollo chicken soup

sopa de verduras vegetable soup

sorbete sorbet

sorbetes de frutas fruit sorbets

suquet fish, potato and tomato stew

suspiros meringues

suspiros de monja meringues served with thick custard

T

tapas appetizers ; snacks

tarta cake/tart/gâteau

tarta de manzana apple tart

tarta de Santiago flat almond cake

tarta helada ice-cream cake

té tea

té con leche tea with milk

té con limón tea with lemon

té helado iced tea

ternasco young lamb

ternera veal/beef

ternera con naranja veal/beef cooked with orange

ternera rellena stuffed veal/beef

tisana herbal tea

tocinillo (de cielo) sweet made with egg yolk and sugar

tocino bacon

tomates tomatoes

tomates rellenos stuffed tomatos

tomillo thyme

toronja grapefruit

torrija bread dipped in milk and then fried and sprinkled with sugar and cinnamon

tortilla (española) omelette cooked with potatoes. Often sliced and served as a tapa

tortilla de champiñones mushroom omelette

tortilla de chorizo omelette with chorizo

tortilla de espárragos asparagus omelette

tortilla de jamón cured ham omelette

tortilla murciana tomato and pepper omelette

trucha trout

trucha a la navarra trout stuffed with cured ham slices

trucha con almendras fried trout with almonds

tumbet layers of peppers, aubergine and tomato cooked with potato in an earthenware dish. Originally from Majorca

turrón nougat

turrón de Alicante hard nougat
  turrón de Jijona soft nougat
  txangurro spider crab

U

uvas grapes

V

vapor, ...al steamed
verduras vegetables
  verduras con patatas boiled potatoes with greens
vermú vermouth
vieiras scallops
  vieiras de Santiago scallops served in their shell. Cooked in brandy, topped with breadcrumbs and grilled
vinagre vinegar
vinagreta vinaigrette
vino wine
  vino blanco white wine
  vino clarete rosé wine
  vino de jerez sherry wine
  vino de mesa table wine
  vino rosado rosé wine
  vino tinto red wine

Y

yemas small cakes that look like egg yolks
yogur yoghurt

Z

zanahorias carrots
zarzuela de mariscos mixed seafood with wine and saffron
  zarzuela de pescado fish stew
zumo juice
  zumo de fruta fruit juice
  zumo de albaricoque apricot juice
  zumo de lima lime juice
  zumo de melocotón peach juice
  zumo de naranja orange juice
  zumo de piña pineapple juice
  zumo de tomate tomato juice
zurrukutuna salt cod cooked with green peppers

A

a(n) un(a)
abbey la abadía
able: *to be able* poder
abortion el aborto
about *(concerning)* sobre
about 2 o'clock alrededor de las dos
above arriba ; por encima
abroad en el extranjero
abscess el absceso
accelerator el acelerador
accent *(pronunciation)* el acento
to accept aceptar
do you accept this card? ¿acepta esta tarjeta?
access el acceso
wheelchair access el acceso para sillas de ruedas
accident el accidente
accident & emergency department Urgencias
accommodation el alojamiento
to accompany acompañar
account *(bank, etc)* la cuenta
account number el número de cuenta
to ache doler
my head aches me duele la cabeza
it aches duele
acid el ácido
actor/actress el actor/ la actriz
adaptor el adaptador
address la dirección
what is the address? ¿cuál es la dirección?
address book la agenda
admission charge/fee el precio de entrada
to admit *(to hospital)* ingresar
adult el/la adulto(a)
for adults para adultos
advance: *in advance* por adelantado
advertisement el anuncio
to advise aconsejar
A&E Urgencias
aeroplane el avión
aerosol el aerosol
afraid: *to be afraid of...* tener miedo de...
after después
afternoon la tarde
this afternoon esta tarde
in the afternoon por la tarde
tomorrow afternoon mañana por la tarde
aftershave el aftershave
again otra vez
against contra
age la edad
agency la agencia
ago: *a week ago* hace una semana
to agree estar de acuerdo
agreement el acuerdo

A

AIDS el sida
airbag *(in car)* el airbag
air bed el colchón inflable
air conditioning el aire acondicionado
air freshener el ambientador
airline la linea aérea
air mail: ***by airmail*** por avión
airplane el avión
airport el aeropuerto
airport bus el autobús del aeropuerto
air ticket el billete de avión
aisle el pasillo
alarm la alarma
alarm clock el despertador
alcohol el alcohol
alcohol-free sin alcohol
alcoholic alcohólico(a)
is it alcoholic? ¿tiene alcohol?
all todo(a)/todos(as)
allergic to alérgico(a) a
I'm allergic to... soy alérgico(a) a...
allergy la alergia
to allow permitir
it's not allowed no está permitido
all right *(agreed)* de acuerdo
(OK) vale
are you all right? ¿está bien?
almost casi
alone solo(a)
alphabet el alfabeto
already ya
also también
altar el altar
always siempre
a.m. de la mañana
am soy/estoy
amber *(traffic light)* amarillo ; ámbar
ambulance la ambulancia
America Norteamérica
American norteamericano(a)
amount el total
anaesthetic la anestesia
local anaesthetic la anestesia local
general anaesthetic la anestesia general
anchor el ancla
ancient antiguo(a)
and y
angina la angina (de pecho)
angry enfadado(a)
animal el animal
aniseed el anís
ankle el tobillo
anniversary el aniversario
to announce anunciar
announcement el anuncio
annual anual
another otro(a)
another beer, please otra cerveza, por favor
answer la respuesta
to answer responder

answerphone el contestador (automático)
antacid el antiácido
antibiotic el antibiótico
antifreeze el anticongelante
antihistamine el antihistamínico
anti-inflammatory antiinflamatorio(a)
antiques las antigüedades
antique shop el anticuario
antiseptic el antiséptico
any alguno(a)
have you any pears? ¿tiene peras?
anyone alguien
anything algo
anywhere en cualquier parte
apartment el apartamento
appendicitis la apendicitis
apple la manzana
application form el impreso de solicitud
appointment *(meeting)* la cita
(dentist, hairdresser) la hora
approximately aproximadamente
April abril
apron el delantal
architect el/la arquitecto(a)
architecture la arquitectura
are son
arm el brazo
armbands *(to swim)* los manguitos de nadar
armchair el sillón
to arrange organizar
to arrest detener
arrival la llegada
to arrive llegar
art el arte
art gallery la galería de arte
arthritis la artritis
artificial artificial
artist el/la artista
ashtray el cenicero
to ask *(question)* preguntar
(to ask for something) pedir
aspirin la aspirina
asthma el asma
I have asthma tengo asma
at a ; en
at home en casa
at 8 o'clock a las ocho
at once ahora mismo
at night por la noche
Atlantic Ocean el Océano Atlántico
attack *(terrorist)* el atentado
(medical) el ataque
to attack atacar
attractive atractivo(a)
auction la subasta
audience el público
August agosto
aunt la tía
au pair el/la au pair
Australia Australia

A

Australian australiano(a)
author el/la autor(a)
automatic automático(a)
automatic car el coche automático
auto-teller el cajero automático
autumn el otoño
available disponible
avalanche la avalancha
avenue la avenida
average medio(a)
to avoid *(issue)* evitar *(obstacle)* esquivar
awake: ***to be awake*** estar despierto(a)
away: ***far away*** lejos
awful espantoso(a)
axle *(in car)* el eje

B

baby el bebé
baby food los potitos
baby milk la leche infantil
baby's bottle el biberón
babyseat *(in car)* el asiento del bebé
babysitter el/la canguro
baby wipes las toallitas infantiles
back *(of body)* la espalda
backpack la mochila
bacon el beicon/bacon
bad *(weather, news)* mal/malo(a) *(fruit and vegetables)* podrido(a)
badminton el bádminton
bag la bolsa
baggage el equipaje
baggage allowance el equipaje permitido
baggage reclaim la recogida de equipajes
bail bond la fianza
bait *(for fishing)* el cebo
baked al horno
baker's la panadería
balcony el balcón
bald *(person)* calvo(a) *(tyre)* gastado(a)
ball *(large: football, etc)* el balón *(small: golf, tennis, etc)* la pelota
ballet el ballet
balloon el globo
banana el plátano
band *(rock)* el grupo
bandage la venda
bank el banco *(river)* la ribera
bank account la cuenta bancaria
banknote el billete
bar el bar
bar of chocolate la tableta de chocolate

barbecue la barbacoa
to have a barbecue hacer una barbacoa
barber's la barbería
to bark ladrar
barn el granero
barrel *(wine/beer)* el barril
basement el sótano
basil la albahaca
basket la cesta
basketball el baloncesto
bat *(baseball, cricket)* el bate
(creature) el murciélago
bath el baño
to have a bath bañarse
bathing cap el gorro de baño
bathroom el cuarto de baño
with bathroom con baño
battery *(radio, camera, etc)* la pila
(in car) la batería
bay *(along coast)* la bahía
Bay of Biscay el golfo de Vizcaya
to be estar ; ser
beach la playa
private beach la playa privada
sandy beach la playa de arena
nudist beach la playa nudista
beach hut la caseta de playa
bean la alubia
beard la barba
beautiful hermoso(a)
beauty salon el salón de belleza
because porque
to become hacerse ; convertirse en ; llegar a ser
bed la cama
double bed la cama de matrimonio
single bed la cama individual
sofa bed el sofá-cama
twin beds las camas gemelas
bed clothes la ropa de cama
bedroom el dormitorio
bee la abeja
beef la ternera
beer la cerveza
before antes de
before breakfast antes de desayunar/del desayuno
to begin empezar
behind detrás de
behind the house detrás de la casa
beige beige ; beis
to believe creer
bell *(church)* la campana
(door bell) el timbre
to belong to pertenecer a
(club) ser miembro de
below debajo , por debajo
belt el cinturón
bend *(in road)* la curva
berth la litera
beside *(next to)* al lado de

beside the bank al lado del banco
best el/la mejor
bet la apuesta
to bet on apostar por
better mejor
better than mejor que
between entre
bib el babero
bicycle la bicicleta
by bicycle en bicicleta
bicycle repair kit la caja de herramientas
bidet el bidé
big grande
bigger than mayor que
bike *(pushbike)* la bicicleta
(motorbike) la moto
bike lock el candado de la bicicleta
bikini el bikini
bill la factura
(in restaurant) la cuenta
bin el cubo ; la papelera
bin liner la bolsa de la basura
binoculars los prismáticos
bird el pájaro
biro el boli
birth el nacimiento
birth certificate la partida de nacimiento
birthday el cumpleaños
happy birthday! ¡feliz cumpleaños!
my birthday is on ... mi cumpleaños es el...
birthday card la tarjeta de cumpleaños
birthday present el regalo de cumpleaños
biscuits las galletas
bit: *a bit of* un poco de
bite *(insect)* la picadura
(animal) la mordedura
to bite morder
(insect) picar
bitten *(by animal)* mordido(a)
(by insect) picado(a)
bitter *(taste)* amargo(a)
black negro(a)
black ice la capa invisible de hielo en la carretera
blanket la manta
bleach *(household)* la lejía
to bleed sangrar
blender *(for food)* la licuadora
blind *(person)* ciego(a)
blind *(for window)* la persiana
(roman) el estor
blister la ampolla
blocked *(road)* cortado(a)
(pipe) obstruido(a)
blond *(person)* rubio(a)
blood la sangre
blood group el grupo sanguíneo
blood pressure la presión sanguínea
blood test el análisis de sangre
blouse la blusa

blow-dry el secado a mano
blue azul
dark blue azul marino
light blue azul claro
blunt *(knife, blade)* desafilado(a)
boar el jabalí
to board *(train, etc)* subir
boarding card/pass la tarjeta de embarque
boarding house la pensión
boat *(large)* el barco
(small) la barca
boat trip la excursión en barco
body el cuerpo
to boil hervir
boiled hervido(a)
boiler la caldera
bomb la bomba
bone el hueso
(fish bone) la espina
bonfire la hoguera
bonnet *(car)* el capó
book el libro
to book reservar
booking la reserva
booking office *(train)* la ventanilla de billetes
bookshop la librería
boot *(car)* el maletero
boots las botas
border *(of country)* la frontera
boring aburrido(a)
born: *I was born in...* nací en...
to borrow pedir prestado
boss el/la jefe(a)
both ambos(as)
bottle la botella
a bottle of wine una botella de vino
a half-bottle media botella
bottle opener el abrebotellas
bottom *(of pool, garden)* el fondo
bowl *(for soup, etc)* el bol
bow tie la pajarita
box la caja
box office la taquilla
boxer shorts los calzoncillos
boy el chico
boyfriend el novio
bra el sujetador
bracelet la pulsera
brain el cerebro
brake el freno
to brake frenar
brake fluid el líquido de frenos
brake light la luz de freno
brake pads las pastillas de freno
branch *(of tree)* la rama
(of bank, etc) la sucursal
brand *(make)* la marca
brass el latón
brave valiente

B

bread el pan
wholemeal bread el pan integral
French bread la barra de pan
sliced bread el pan de molde

bread roll el panecillo

to break romper

breakable frágil

breakdown *(car)* la avería
(nervous) la crisis nerviosa

breakdown van la grúa

breakfast el desayuno

breast el pecho

to breast-feed amamantar

to breathe respirar

brick el ladrillo

bride la novia

bridegroom el novio

bridge el puente

briefcase la cartera

bright *(colour)* vivo(a)

Brillo pads® el nanas®

to bring traer

Britain Gran Bretaña

British británico(a)

broccoli el brócoli

brochure el folleto

broken roto(a)
my leg is broken me he roto la pierna

broken down *(car, etc)* averiado(a)

bronchitis la bronquitis

bronze el bronce

brooch el broche

broom *(brush)* la escoba

brother el hermano

brother-in-law el cuñado

brown marrón

bruise el moratón ; el cardenal

brush el cepillo

to brush cepillar

bubble bath el baño de espuma

bucket el cubo

buckle la hebilla

buffet car el coche comedor

to build construir

building el edificio

bulb *(electric)* la bombilla

bull el toro

bullfight la corrida de toros

bullfighter el torero

bullring la plaza de toros

bumbag la riñonera

bumper *(car)* el parachoques

bunch *(of flowers)* el ramo
(grapes) el racimo

bungee jumping el banyi

buoy la boya

bureau de change la oficina de cambio

burger la hamburguesa

burglar el/la ladrón/ladrona

burglar alarm la alarma antirrobo

to burn quemar
burnt *(food)* quemado(a)
to burst reventar
bus el autobús
bus pass el bonobús
bus station la estación de autobuses
bus stop la parada de autobús
bus ticket el billete de autobús
business el negocio
on business de negocios
business card la tarjeta de visita
business class la clase preferente
businessman/woman el hombre/la mujer de negocios
business trip el viaje de negocios
busy ocupado(a)
but pero
butcher's la carnicería
butter la mantequllla
butterfly la mariposa
button el botón
to buy comprar
by *(via)* por
(beside) al lado de
by bus en autobús
by car en coche
by train en tren
by ship en barco
bypass *(road)* la carretera de circunvalación

C

cab *(taxi)* el taxi
cabaret el cabaré
cabin *(on boat)* el camarote
cabin crew la tripulación de cabina
cablecar el teleférico
café el café
internet café el cibercafé
cafetiere la cafetera
cake *(big)* la tarta
(little) el pastel
cake shop la pastelería
calculator la calculadora
calendar el calendario
call *(telephone)* la llamada
a long distance call una conferencia
to call *(phone)* llamar por teléfono
calm tranquilo(a)
camcorder la videocámara
camera la cámara
camera case la funda de la cámara
camera shop la tienda de fotografía
to camp acampar
camping gas el camping gas
camping stove el hornillo de gas
campsite el camping
to can *(to be able)* poder
I can puedo

C

we can podemos
I cannot no puedo
we cannot no podemos
can la lata
can opener el abrelatas
Canada (el) Canadá
Canadian canadiense
canal el canal
to cancel anular ; cancelar
cancellation la cancelación
cancer el cáncer
candle la vela
canoe la canoa
canoeing: *to go canoeing* hacer piragüismo
cap *(hat)* la gorra
(diaphragm) el diafragma
capital *(city)* la capital
car el coche
car alarm la alarma de coche
car ferry el transbordador ; el ferry
car hire el alquiler de coches
car insurance el seguro del coche
car keys las llaves del coche
car park el aparcamiento
car parts los accesorios para el automóvil
car radio la radio del coche
car seat *(for children)* el asiento para niños
car wash el lavado (automático) de coches
carafe la jarra
caravan la caravana
carburettor el carburador
card *(greetings, business)* la tarjeta
playing cards las cartas
cardboard el cartón
cardigan la chaqueta de punto
careful cuidadoso(a)
be careful! ¡ten cuidado!
carpet *(rug)* la alfombra
(fitted) la moqueta
carriage *(railway)* el vagón
carrot la zanahoria
to carry llevar
carton la caja
(of cigarettes) el cartón
case *(suitcase)* la maleta
cash el dinero en efectivo
to cash *(cheque)* cobrar
cash desk la caja
cash dispenser el cajero automático
cashier el/la cajero(a)
cashpoint el cajero automático
casino el casino
casserole la cazuela
cassette el casete
cassette player el radiocasete
castanets las castañuelas
castle el castillo
casualty department urgencias

cat el gato
cat food la comida para gatos
catalogue el catálogo
to catch *(bus, train, etc)* coger
cathedral la catedral
Catholic católico(a)
cave la cueva
cavity *(in tooth)* la caries
CD el CD
CD player el lector de CD
ceiling el techo
cellar la bodega
cellphone el teléfono celular
cemetery el cementerio
centimetre el centímetro
central central
central heating la calefacción central
central locking *(car)* el cierre centralizado
centre el centro
century el siglo
ceramic la cerámica
cereal los cereales
certain *(sure)* seguro(a)
certificate el certificado
chain la cadena
chair la silla
chairlift el telesilla
chalet el chalet
chambermaid la camarera
Champagne el champán
change el cambio
(small coins) el suelto
(money returned) la vuelta
to change cambiar
(clothes) cambiarse
(train) hacer transbordo
to change money cambiar dinero
changing room el probador
chapel la capilla
charcoal el carbón vegetal
charge *(fee)* el precio
to charge cobrar
please charge it to my account cárguelo a mi cuenta, por favor
charger *(for battery)* el cargador
charter flight el vuelo chárter
cheap barato(a)
cheaper más barato(a)
cheap rate la tarifa baja
to check revisar ; comprobar
to check in *(at airport)* facturar el equipaje
(at hotel) registrarse
check-in la facturación
cheek la mejilla
cheers! ¡salud!
cheese el queso
chef el chef
chemist's la farmacia
cheque el cheque

cheque book el talonario
cheque card la tarjeta bancaria
chest *(of body)* el pecho
chewing gum el chicle
chicken el pollo
chickenpox la varicela
child *(boy)* el niño *(girl)* la niña
children *(infants)* los niños
for children para niños
child safety seat *(car)* el asiento de niños
chilli la guindilla ; el chile
chimney la chimenea
chin la barbillla
china la porcelana
chips las patatas fritas
chocolate el chocolate
chocolates los bombones
choir el coro
to choose escoger
chop *(meat)* la chuleta
chopping board la tabla de cortar
christening el bautizo
Christian name el nombre de pila
Christmas la Navidad
Merry Christmas! ¡Feliz Navidad!
Christmas card la tarjeta de Navidad
Christmas Eve la Nochebuena
church la iglesia
cigar el puro
cigarette el cigarrillo
cigarette lighter el mechero
cigarette paper el papel de fumar
cinema el cine
circle *(theatre)* el anfiteatro
circuit breaker el cortacircuitos
circus el circo
cistern la cisterna
city la ciudad
city centre el centro de la ciudad
class: ***first class*** primera clase
second class segunda clase
clean limpio(a)
to clean limpiar
cleaner *(person)* el/la encargado/a de la limpieza
cleanser *(for face)* la crema limpiadora
clear claro(a)
client el/la cliente
cliff *(along coast)* el acantilado
(in mountains) el precipicio
to climb *(mountains)* escalar
climbing boots las botas de escalar
Clingfilm® el rollo de plástico transparente
clinic la clínica

cloakroom el guardarropa
clock el reloj
close by muy cerca
to close cerrar
closed *(shop, etc)* cerrado(a)
cloth *(rag)* el trapo
(fabric) la tela
clothes la ropa
clothes line el tendedero
clothes peg la pinza
clothes shop la tienda de ropa
cloudy nublado(a)
club el club
clutch *(in car)* el embrague
coach *(bus)* el autocar
coach station la estación de autobuses
coach trip la excursión en autocar
coal el carbón
coast la costa
coastguard el/la guardacostas
coat el abrigo
coat hanger la percha
cockroach la cucaracha
cocktail el cóctel
cocoa el cacao
code el código
coffee el café
black coffee el café solo
white coffee el café con leche
cappuccino el capuchino
decaffeinated coffee el (café) descafeinado
coil *(IUD)* el DIU
coin la moneda
Coke® la Coca Cola®
colander el colador
cold frío(a)
I'm cold tengo frío
it's cold hace frío
cold water el agua fría
cold *(illness)* el resfriado
I have a cold estoy resfriado(a)
cold sore la calentura
collar el cuello
collar bone la clavícula
colleague el/la compañero(a) de trabajo
to collect recoger
collection la recogida
colour el color
colour-blind daltónico(a)
colour film *(for camera)* el carrete en color
comb el peine
to come venir
(to arrive) llegar
to come back volver
to come in entrar
come in! ¡pase!
comedy la comedia
comfortable cómodo(a)
company *(firm)* la empresa
compartment el compartimento

C

compass la brújula
to complain reclamar
complaint la reclamación ; la queja
complete completo(a)
to complete terminar
compulsory obligatorio(a)
computer el ordenador
computer disk *(floppy)* el disquete
computer game el juego de ordenador
computer program el programa de ordenador
concert el concierto
concert hall la sala de conciertos ; el auditorio
concession el descuento
concussion la conmoción cerebral
conditioner el suavizante
condom el condón
conductor *(on bus)* el/la cobrador(a) *(on train)* el/la revisor(a)
conference el congreso
to confirm confirmar
please confirm por favor, confirme
confirmation *(flight, booking)* la confirmación
congratulations! ¡enhorabuena!
connection *(train, etc)* el enlace
constipated estreñido(a)
consulate el consulado
to consult consultar
to contact ponerse en contacto con
contact lens la lentilla
contact lens cleaner la solución limpiadora para lentillas
to continue continuar
contraceptive el anticonceptivo
contract el contrato
convenient: ***is it convenient?*** ¿le viene bien?
convulsions las convulsiones
to cook cocinar
cooked preparado(a)
cooker la cocina
cookies las galletas
cool fresco(a)
cool-box la nevera portátil
copper el cobre
copy *(duplicate)* la copia *(of book)* el ejemplar
to copy copiar
coral el coral
cork el corcho
corkscrew el sacacorchos
corner la esquina
cornflakes los copos de maíz
corridor el pasillo
cortisone la cortisona
cosmetics los cosméticos
cost *(price)* el precio
to cost costar
how much does it cost? ¿cuánto cuesta?

costume *(swimming)* el bañador
cot la cuna
cottage la casita de campo
cotton el algodón (hidrófilo)
cotton buds los bastoncillos
cotton wool el algodón
couchette la litera
to cough toser
cough la tos
cough mixture el jarabe para la tos
cough sweets los caramelos para la tos
counter *(in shop)* el mostrador *(in bar)* la barra
country *(not town)* el campo *(nation)* el país
countryside el campo
couple *(2 people)* la pareja *a couple of...* un par de ...
courgette el calabacín
courier service el servicio de mensajero
course *(of study)* el curso *(of meal)* el plato
cousin el/la primo(a)
cover charge *(in restaurant)* el cubierto
cow la vaca
crafts la artesanía
craftsperson el/la artesano(a)
cramps los calambres
crash *(car)* el accidente
to crash *(car)* chocar
crash helmet el casco protector
cream *(lotion)* la crema *(on milk)* la nata *soured cream* la nata cortada *whipped cream* la nata montada
credit card la tarjeta de crédito
crime el delito
crisps las patatas fritas
cross *(crucifix)* la cruz
to cross *(road)* cruzar
cross-channel ferry el ferry (que cruza el Canal de la Mancha)
cross country skiing el esquí de fondo
crossing *(sea)* la travesía
crossroads el cruce
crossword puzzle el crucigrama
crowd la multitud
crowded concurrido(a)
crown la corona
cruise el crucero
crutches las muletas
to cry *(weep)* llorar
crystal el cristal
cucumber el pepino
cufflinks los gemelos
cul-de-sac el callejón sin salida
cup la taza

C

cupboard el armario
currant la pasa (de Corinto)
currency la moneda
current la corriente
curtain la cortina
cushion el cojín
custom *(tradition)* la costumbre
customer el/la cliente
customs *(control)* la aduana
customs declaration la declaración aduanera
cut el corte
to cut cortar
cutlery los cubiertos
to cycle ir en bicicleta
cycle track el carril bici
cycling el ciclismo
cyst el quiste
cystitis la cistitis

D

daily *(each day)* cada día ; diario
dairy produce los productos lácteos
dam la presa
damage el/los daño(s)
damp húmedo(a)
dance el baile
to dance bailar
danger el peligro
dangerous peligroso(a)
dark oscuro(a)
after dark por la noche
date la fecha
date of birth la fecha de nacimiento
daughter la hija
daughter-in-law la cuñada
dawn el amanecer
day el día
every day todos los días
per day al día
dead muerto(a)
deaf sordo(a)
dear *(on letter)* querido(a)
(expensive) caro(a)
debt la deuda
decaffeinated coffee el descafeinado
have you decaff? ¿tiene descafeinado?
December diciembre
deck chair la tumbona
to declare declarar
nothing to declare nada que declarar
deep profundo(a)
deep freeze el ultracongelador
deer el ciervo
to defrost descongelar
to de-ice descongelar
delay el retraso
how long is the delay? ¿cuánto lleva de retraso?
delayed retrasado(a)
delicatessen la charcutería

delicious delicioso(a)
demonstration la manifestación
dental floss el hilo dental
dentist el/la dentista
dentures la dentadura postiza
deodorant el desodorante
department *(gen)* el departamento
(in shop) la sección
department store los grandes almacenes
departure lounge la sala de embarque
departures las salidas
deposit la fianza
to describe describir
description la descripción
desk *(in hotel, airport)* el mostrador
dessert el postre
details los detalles
(personal) los datos personales
detergent el detergente
detour el desvío
to develop *(photos)* revelar
diabetes la diabetes
diabetic diabético(a)
I'm diabetic soy diabético(a)
to dial marcar
dialling code el prefijo
dialling tone el tono de marcar
diamond el diamante
diapers los pañales
diaphragm *(in body, contraception)* el diafragma
diarrhoea la diarrea
diary la agenda
dice los dados
dictionary el diccionario
to die morir
diesel el diesel ; el gasóleo
diet la dieta
I'm on a diet estoy a dieta
special diet la dieta especial
different distinto(a)
difficult difícil
to dilute diluir
dinghy el bote
dining room el comedor
dinner *(evening meal)* la cena
to have dinner cenar
diplomat el/la diplomático(a)
direct *(train, etc)* directo(a)
directions *(instructions)* las instrucciones
to ask for directions preguntar el camino
directory *(phone)* la guía telefónica
directory enquiries la información telefónica
dirty sucio(a)
disability la discapacidad
disabled discapacitado(a) ; minusválido(a)

D

to disagree no estar de acuerdo

to disappear desaparecer

disaster el desastre

disco la discoteca

discount el descuento

to discover descubrir

disease la enfermedad

dish el plato

dishtowel el paño de cocina

dishwasher el lavavajillas

dishwasher powder el detergente para lavavajillas

disinfectant el desinfectante

disk *(floppy)* el disquete

to dislocate *(joint)* dislocarse

disposable desechable

distance la distancia

distant distante ; lejano(a)

distilled water el agua destilada

district el barrio

to disturb molestar

ditch la cuneta

to dive tirarse al agua

diversion el desvío

divorced divorciado(a)

DIY shop la tienda de bricolaje

dizzy mareado(a)

to do hacer

doctor el/la médico(a)

documents los documentos

dog el perro

dog food la comida para perros

dog lead la correa del perro

doll la muñeca

dollar el dólar

domestic *(flight)* nacional

donor card la tarjeta de donante

door la puerta

doorbell el timbre

double doble

double bed la cama de matrimonio

double room la habitación doble

doughnut el donut

down: ***to go down*** bajar

downstairs abajo

dozen la dozena

drain el desagüe

draught *(of air)* la corriente ***there's a draught*** hay corriente

draught lager la cerveza de barril

to draw dibujar

drawer el cajón

drawing el dibujo

dress el vestido

to dress *(to get dressed)* vestirse

dressing *(for food)* el aliño
(for wound) el vendaje

dressing gown la bata

drill *(tool)* la taladradora

drink la bebida

to drink beber

drinking water el agua potable

to drive conducir

driver el/la conductor(a)

driving licence el carné de conducir

drought la sequía

to drown ahogarse

drug la droga
(medicine) la medicina

drunk borracho(a)

dry seco(a)

to dry secar

dry-cleaner's la tintorería ; la limpieza en seco

due: ***when is it due?*** ¿para cuándo está previsto?

dummy *(for baby)* el chupete

during durante

dust el polvo

duster el trapo del polvo

dustpan and brush el cepillo y recogedor

duty-free libre de impuestos

duvet el edredón (nórdico)

duvet cover la funda de edredón (nórdico)

dye el tinte

dynamo la dinamo

E

each cada

ear *(outside)* la oreja
(inside) el oído

earache el dolor de oído(s)
I have earache me duele el oído

earlier antes

early temprano

to earn ganar

earphones los auriculares

earplugs los tapones para los oídos

earrings los pendientes

earth la tierra

earthquake el terremoto

east el este

Easter la Pascua ; la Semana Santa

easy fácil

to eat comer

egg el huevo
fried egg el huevo frito
hard-boiled egg el huevo duro
scrambled eggs los huevos revueltos
soft-boiled egg el huevo pasado por agua

either... or... o... o...

elastic band la goma

elastoplast la tirita

elbow el codo

electric eléctrico(a)

electric blanket la manta eléctrica

electric razor la maquinilla de afeitar
electrician el/la electricista
electricity la electricidad
electricity meter el contador de electricidad
electric point el enchufe
electric shock la descarga eléctrica
elevator el ascensor
e-mail el email ; el correo electrónico
to e-mail s.o. mandar un email a alguien
e-mail address el email
embassy la embajada
emergency la emergencia
emergency exit la salida de emergencia
empty vacío(a)
end el fin
engaged *(to marry)* prometido(a)
(toilet, phone) ocupado(a)
engine el motor
England Inglaterra
English inglés/inglesa
(language) el inglés
Englishman/-woman el inglés/la inglesa
to enjoy *(to like)* gustar
I enjoy swimming me gusta nadar
I enjoy dancing me gusta bailar
enjoy your meal! ¡que aproveche!
to enjoy oneself divertirse
enough bastante
that's enough ya basta
enquiry desk la información
to enter entrar en
entertainment el entretenimiento
entrance la entrada
entrance fee el precio de entrada
envelope el sobre
epileptic epiléptico(a)
epileptic fit el ataque epiléptico
equal igual
equipment el equipo
eraser la goma (de borrar)
error el error
escalator la escalera mecánica
to escape escapar
espadrilles las alpargatas
essential imprescindible
estate agent's la agencia inmobiliaria
euro el euro
eurocheque el eurocheque
Europe Europa
European el/la europeo(a)
European Union la Unión Europea
even *(not odd)* par
evening la tarde
this evening esta tarde
tomorrow evening mañana por la tarde

in the evening por la tarde
evening dress *(man's)* el traje de etiqueta *(woman's)* el traje de noche
evening meal la cena
every cada
everyone todo el mundo ; todos
everything todo
everywhere en todas partes
examination el examen
example: ***for example*** por ejemplo
excellent excelente
except excepto
excess baggage el exceso de equipaje
exchange el cambio
to exchange cambiar
exchange rate el tipo de cambio
exciting emocionante
excursion la excursión
excuse: ***excuse me!*** perdón
exercise el ejercicio
exhaust pipe el tubo de escape
exhibition la exposición
exit la salida
expenses los gastos
expensive caro(a)
expert el/la experto(a)
to expire *(ticket, etc)* caducar
to explain explicar
explosion la explosión
to export exportar
express *(train)* el expreso
express: ***to send a letter express*** enviar una carta por correo urgente
extension *(electrical)* el alargador
extra *(in addition)* de más *(more)* extra ; adicional
eye el ojo
eyebrows las cejas
eye drops el colirio
eyelashes las pestañas
eyeliner el lápiz de ojos
eye shadow la sombra de ojos

F

fabric la tela
face la cara
face cloth la toallita
facial la limpieza de cutis
facilities las instalaciones
fact el hecho
factory la fábrica
to fade desteñir
to faint desmayarse
fainted desmayado(a)
fair *(hair)* rubio(a) *(just)* justo(a)
fair *(funfair)* la feria
fake falso(a)
fall *(autumn)* el otoño

to fall caer ; caerse
he/she has fallen se ha caído
false teeth la dentadura postiza
family la familia
famous famoso(a)
fan *(electric)* el ventilador
(hand-held) el abanico
(football, etc) el/la hincha
(jazz, etc) el/la aficionado(a)
fan belt la correa del ventilador
fancy dress el disfraz
far lejos
is it far? ¿está lejos?
how far is it? ¿a cuánto está?
farm la granja
farmer el/la granjero(a)
farmhouse la granja
fashionable de moda
fast rápido(a)
too fast demasiado rápido
to fasten *(seatbelt, etc)* abrocharse
fat *(plump)* gordo(a)
(in food, on person) la grasa
saturated fats las grasas saturadas
unsaturated fats las grasas insaturadas
father el padre
father-in-law el suegro
fault *(defect)* el defecto
it's not my fault no tengo la culpa
favour el favor
favourite favorito(a) ; preferido(a)
to fax mandar por fax
fax el fax
by fax por fax
fax number el número de fax
February febrero
to feed dar de comer
to feel sentir
I don't feel well no me siento bien
I feel sick estoy mareado(a)
feet los pies
felt-tip pen el rotulador
female mujer
ferry el ferry ; el transbordador
festival el festival
to fetch *(to bring)* traer
(to go and get) ir a buscar
fever la fiebre
few pocos(as)
a few algunos(as)
fiancé(e) el/la novio(a)
field el campo
to fight luchar
file *(computer)* el fichero
(nail) la lima
to fill llenar
(form) rellenar
fill it up, please! *(car)* lleno, por favor
fillet el filete
filling *(in tooth)* el empaste

film *(at cinema)* la película
(for camera) el carrete
filter el filtro
to find encontrar
fine *(to be paid)* la multa
finger el dedo
to finish acabar
finished terminado(a)
fire *(flames)* el fuego
(blaze) el incendio
fire! ¡fuego!
fire alarm la alarma de incendios
fire brigade los bomberos
fire engine el coche de bomberos
fire escape la salida de incendios
fire exit la salida de incendios
fire extinguisher el extintor
fireplace la chimenea
fireworks los fuegos artificiales
firm *(company)* la empresa
first primero(a)
first aid los primeros auxilios
first aid kit el botiquín de primeros auxilios
first class de primera clase
first name el nombre de pila
fish *(food)* el pescado
(alive) el pez
to fish pescar
fisherman el pescador
fishing permit la licencia de pesca
fishing rod la caña de pescar
fishmonger's la pescadería
fit *(seizure)* el ataque
to fit *(clothes)* quedar bien
it doesn't fit no queda bien
to fix arreglar
can you fix it? ¿puede arreglarlo?
fizzy con gas
flag la bandera
flames las llamas
flash *(for camera)* el flash
flashlight la linterna
flask *(thermos)* el termo
flat *(apartment)* el piso
flat llano(a)
(battery) descargado(a)
(beer) sin gas
it's flat ya no tiene gas
flat tyre la rueda pinchada
flavour el sabor
which flavour? ¿qué sabor?
flaw el defecto
fleas las pulgas
flesh la carne
flex el cable eléctrico
flight el vuelo
flip flops las chancletas
flippers las aletas

F

flood la inundación
flash flood la riada

floor *(of building)* el piso
(of room) el suelo
which floor? ¿qué piso?
on the ground floor en la planta baja
on the first floor en el primer piso
on the second floor en el segundo piso

floorcloth la bayeta

florist's shop la floristería

flour la harina

flower la flor

flu la gripe

fly la mosca

to fly volar

fly sheet el toldo impermeable

fog la niebla

foggy: ***it's foggy*** hay niebla

foil *(tinfoil)* el papel de estaño

to fold doblar

to follow seguir

food la comida

food poisoning la intoxicación por alimentos

foot el pie
on foot a pie

football el fútbol

football match el partido de fútbol

football pitch el campo de fútbol

football player el/la futbolista

footpath *(in country)* el sendero

for para ; por
for me para mí
for you para usted/ti
for him/her/us para él/ella/nosotros

forbidden prohibido(a)

forehead la frente

foreign extranjero(a)

foreign currency la moneda extranjera

foreigner el/la extranjero(a)

forest el bosque

forever para siempre

to forget olvidar

fork *(for eating)* el tenedor
(in road) la bifurcación

form *(document)* el impreso

formal dress el traje de etiqueta

fortnight quince días

forward adelante

foul *(football)* la falta

fountain la fuente

four-wheel drive la tracción a cuatro ruedas

fox el zorro

fracture la fractura

fragile frágil

fragrance el perfume

frame *(picture)* el marco

France Francia

free *(not occupied)* libre
(costing nothing) gratis
freezer el congelador
French francés/francesa
(language) el francés
French fries las patatas fritas
frequent frecuente
fresh fresco(a)
fresh water el agua dulce
Friday el viernes
fridge el frigorífico
fried frito(a)
friend el/la amigo(a)
frisbee® el frisbee®
frog la rana
from de ; desde
from Scotland de Escocia
from England de Inglaterra
front la parte delantera
in front of delante de
front door la puerta de la calle
frost la helada
frozen congelado(a)
fruit la fruta
dried fruit la fruta seca
fruit juice el zumo (de fruta)
fruit salad la macedonia
to fry freir
frying pan la sartén
fuel *(petrol)* la gasolina
fuel gauge el indicador de la gasolina
fuel tank el depósito de gasolina
fuel pump *(in car)* el surtidor de gasolina
full lleno(a)
(occupied) ocupado(a)
full board pensión completa
fumes *(of car)* los gases
fun la diversión
funeral el funeral
funfair la feria
funny *(amusing)* divertido(a)
fur la piel
furnished amueblado(a)
furniture los muebles
fuse el fusible
fuse box la caja de fusibles
future el futuro

G

gallery la galería
gallon = approx. 4.5 litres
game el juego
(animal) la caza
garage el garaje
(for repairs) el taller
(for petrol) la gasolinera
garden el jardín
garlic el ajo
gas el gas
gas cooker la cocina de gas
gas cylinder la bombona de gas
gastritis la gastritis
gate *(airport)* la puerta

G

gay *(person)* gay
gear la marcha
first gear la primera
second gear la segunda
third gear la tercera
fourth gear la cuarta
neutral el punto muerto
reverse la marcha atrás
gearbox la caja de cambios
generous generoso(a)
gents *(toilet)* los servicios de caballeros
genuine auténtico(a)
German alemán/alemana
(language) el alemán
German measles la rubeola
Germany Alemania
to get *(to obtain)* conseguir
(to receive) recibir
(to bring) traer
to get in *(vehicle)* subir (al)
to get out *(of vehicle)* bajarse de
gift el regalo
gift shop la tienda de regalos
girl la chica
girlfriend la novia
to give dar
to give back devolver
glacier el glaciar
glass *(for drinking)* el vaso
(substance) el cristal
a glass of water un vaso de agua
a glass of wine un vaso de vino
glasses *(spectacles)* las gafas
glasses case la funda de gafas
gloves los guantes
glue el pegamento
to go ir
I'm going to ... voy a...
we're going to ... vamos a...
to go home irse a casa
to go back volver
to go in entrar (en)
to go out salir
goat la cabra
God Dios
goggles *(for swimming)* las gafas de natación
(for skiing) las gafas de esquí
gold el oro
golf el golf
golf ball la pelota de golf
golf clubs los palos de golf
golf course el campo de golf
good bueno(a)
very good muy bueno
good afternoon buenas tardes
goodbye adiós
good day buenos días
good evening buenas tardes
(later) buenas noches
good morning buenos días
good night buenas noches

goose el ganso
gram(me) el gramo
grandchild el/la nieto(a)
granddaughter la nieta
grandfather el abuelo
grandmother la abuela
grandparents los abuelos
grandson el nieto
grapes las uvas
grass la hierba
grated *(cheese, etc)* rallado(a)
grater *(for cheese, etc)* el rallador
greasy grasiento(a)
great *(big)* grande *(wonderful)* estupendo(a)
Great Britain Gran Bretaña
green verde
green card la carta verde
greengrocer's la frutería
greetings card la tarjeta de felicitación
grey gris
grill el grill *(barbecue)* la parrilla
to grill gratinar *(in barbecue)* asar a la parrilla
grilled gratinado(a) *(in barbecue)* a la parrilla
grocer's la tienda de alimentación
ground el suelo
ground floor la planta baja *on the ground floor* en la planta baja
groundsheet el suelo (de tela) impermeable
group el grupo
guarantee la garantía
guard *(on train)* el/la jefe(a) de tren
guest el/la invitado(a) *(in hotel)* el/la huésped
guesthouse la pensión
guide *(tour guide)* el/la guía
to guide guiar
guidebook la guía turística
guided tour la visita con guía
guitar la guitarra
gun la pistola
gym el gimnasio
gym shoes las zapatillas de deporte

H

haemorrhoids las hemorroides
hail el granizo
hair el pelo
hairbrush el cepillo del pelo
haircut el corte de pelo
hairdresser el/la peluquero(a)
hairdryer el secador de pelo
hair dye el tinte de pelo
hair gel el gel
hairgrip la horquilla

H

hair mousse la espuma del pelo

hair spray la laca

half medio(a)
half an hour media hora

half board media pensión

half fare el billete reducido para niños

half-price a mitad de precio

ham el jamón
(cooked) el jamón de York
(cured) el jamón serrano

hamburger la hamburguesa

hammer el martillo

hand la mano

handbag el bolso

hand luggage el equipaje de mano

hand-made hecho(a) a mano

handicapped discapacitado(a) ; minusválido(a)

handkerchief el pañuelo

handle *(of cup)* el asa
(of door) el pomo

handlebars el manillar

hands-free phone el teléfono de manos libres

handsome guapo(a)

hang gliding el vuelo con ala delta

hangover la resaca

to hang up *(phone)* colgar

to happen pasar
what happened? ¿qué ha pasado?

happy feliz
happy birthday! ¡feliz cumpleaños!

harbour el puerto

hard duro(a)
(difficult) difícil

hard disk el disco duro

hardware shop la ferretería

to harm *(person)* hacer daño a
(crops, etc) dañar

harvest la cosecha

hat el sombrero

to have tener
I have ... tengo
I don't have ... no tengo...
we have ... tenemos...
we don't have ... no tenemos...
do you have ...? ¿tiene...?

to have to tener que

hay fever la alergia al polen

he él

head la cabeza

headache el dolor de cabeza
I have a headache me duele la cabeza

headlights los faros

headphones los auriculares

head waiter el maître

health la salud

health food shop la tienda de dietética

healthy sano(a)

to hear oír

hearing aid el audífono

heart el corazón

heart attack el infarto

heartburn el ardor de estómago
heater el calentador
heating la calefacción
to heat up *(food)* calentar
heavy pesado(a)
heel *(of foot)* el talón
(of shoe) el tacón
heel bar la tienda de reparación de calzado en el acto
height la altura
helicopter el helicóptero
hello hola
(on phone) ¿diga?
helmet *(for bike, etc)* el casco
help! ¡socorro!
to help ayudar
can you help me? ¿puede ayudarme?
hem el dobladillo
hepatitis la hepatitis
her su
herb la hierba
herbal tea la infusión
here aquí
here is … aquí tiene…
here is my passport aquí tiene mi pasaporte
hernia la hernia
hi! ¡hola!
to hide *(something)* esconder
(oneself) esconderse
high alto(a)
high blood pressure la tensión alta
high chair la silla alta para niños
high tide la marea alta
hill la colina
hill-walking el montañismo
him él
hip la cadera
hip replacement la prótesis de cadera
hire *(bike, boat, etc)* el alquiler
car hire el alquiler de coches
bike hire el alquiler de bicicletas
boat hire el alquiler de barcas
to hire alquilar
hired car el coche de alquiler
his su
historic histórico(a)
history la historia
to hit pegar
to hitchhike hacer autostop ; hacer dedo
HIV positive seropositivo(a)
hobby el hobby ; el pasatiempo
to hold tener
(to contain) contener
hold-up *(traffic jam)* el atasco
hole el agujero
holiday las vacaciones
(public) la fiesta
on holiday de vacaciones
holiday rep el/la guía turístico(a)

H

home la casa
at home en casa
homesick: ***to be homesick*** tener morriña
I'm homesick tengo morriña
homosexual homosexual
honest sincero(a)
honey la miel
honeymoon la luna de miel
hood *(jacket)* la capucha
hook *(fishing)* el anzuelo
to hope esperar
I hope so/not espero que sí/no
horn *(car)* el claxon
hors d'oeuvre los entremeses
horse el caballo
horse racing la hípica
horse riding la equitación
hosepipe la manguera
hospital el hospital
hostel el hostal
hot caliente
I'm hot tengo calor
it's hot (weather) hace calor
hot water el agua caliente
hot-water bottle la bolsa de agua caliente
hotel el hotel
hour la hora
half an hour media hora
house la casa
housewife/husband la/el ama(o) de casa
house wine el vino de la casa
housework las tareas domésticas
how *(in what way)* cómo
how much? ¿cuánto?
how many? ¿cuántos?
how are you? ¿cómo está?
hungry: ***to be hungry*** tener hambre
to hunt cazar
hunting permit el permiso de caza
hurry: ***I'm in a hurry*** tengo prisa
to hurt *(injure)* hacer daño
my back hurts me duele la espalda
that hurts eso duele
husband el marido
hut *(bathing/beach)* la caseta
(mountain) el refugio
hydrofoil el hidrodeslizador
hypodermic needle la aguja hipodérmica

I

I yo
ice el hielo
(cube) el cubito
with/without ice con/sin hielo
ice box la nevera
icecream el helado
ice lolly el polo
ice rink la pista de patinaje

to ice skate patinar sobre hielo
ice skates los patines de hielo
iced tea el té helado
idea la idea
identity card el carné de identidad
if si
ignition el encendido
ignition key la llave de contacto
ill enfermo(a)
illness la enfermedad
immediately inmediatamente ; en seguida
immersion heater el calentador eléctrico
immigration la inmigración
immunisation la inmunización
to import importar
important importante
impossible imposible
to improve mejorar
in dentro de ; en
in 10 minutes dentro de diez minutos
in London en Londres
in front of delante de
inch la pulgada = approx. 2.5 cm
included incluido(a)
inconvenient inoportuno(a)
to increase aumentar
indicator *(in car)* el intermitente
indigestion la indigestión
indigestion tablets las pastillas para la indigestión
indoors dentro
infection la infección
infectious contagioso(a)
information la información
information desk la información
ingredients los ingredientes
inhaler *(for medication)* el inhalador
injection la inyección
to injure herir
injured herido(a)
injury la herida
ink la tinta
inn la pensión
inner tube la cámara
inquiries información
inquiry desk la información
insect el insecto
insect bite la picadura de insecto
insect repellent el repelente contra insectos
inside dentro de
instant coffee el café instantáneo
instead of en lugar de
instructor el/la instructor(a)
insulin la insulina

insurance el seguro
insurance certificate la póliza de seguros
to insure asegurar
insured asegurado(a)
to intend to pensar
interesting interesante
international internacional
internet el/la Internet
internet café el cibercafé
interpreter el/la intérprete
interval *(theatre, etc)* el descanso ; el intermedio
interview la entrevista
into en
into town al centro
to introduce to presentar a
invitation la invitación
to invite invitar
invoice la factura
Ireland Irlanda
Irish irlandés/irlandesa
iron *(for clothes)* la plancha
(metal) el hierro
to iron planchar
ironing board la tabla de planchar
ironmonger's la ferretería
is es/está
island la isla
it lo/la
Italian italiano(a)
(language) el italiano
Italy Italia
itch el picor
to itch picar
it itches pica
item el artículo
itemized bill la factura detallada

J

jack *(for car)* el gato
jacket la chaqueta
jam *(food)* la mermelada
jammed *(stuck)* atascado(a)
January enero
jar *(honey, jam, etc)* el tarro
jaundice la ictericia
jaw la mandíbula
jealous celoso(a)
jeans los vaqueros
jelly *(dessert)* la gelatina
jellyfish la medusa
jet ski la moto acuática
jetty el embarcadero
Jewish judío(a)
jeweller's la joyería
jewellery las joyas
job el empleo
to jog hacer footing
to join *(club, etc)* hacerse socio de
to join in participar en
joint *(body)* la articulación
to joke bromear
joke la broma
journalist el/la periodista

journey el viaje
judge el/la juez(a)
jug la jarra
juice el zumo
a carton of juice un brik de zumo
July julio
to jump saltar
jumper el jersey
jump leads *(for car)* los cables de arranque
junction *(road)* la bifurcación
June junio
jungle la jungla
just: *just two* sólo dos
I've just arrived acabo de llegar

K

to keep *(to retain)* guardar
kennel la caseta (del perro)
kettle el hervidor (de agua)
key la llave
card key *(ie used in hotel)* la llave tarjeta
keyboard el teclado
keyring el llavero
to kick dar una patada a
kid *(child)* el/la crío(a)
kidneys los riñones
to kill matar
kilo(gram) el kilo(gramo)
kilometre el kilómetro
kind *(person)* amable
kind *(sort)* la clase
what kind? ¿qué clase?
king el rey
kiosk el quiosco
kiss el beso
to kiss besar
kitchen la cocina
kitchen paper el papel de cocina
kite la cometa
knee la rodilla
knee highs las medias cortas
knickers las bragas
knife el cuchillo
to knit hacer punto
to knock *(on door)* llamar
to knock down *(car)* atropellar
to knock over *(vase, glass)* tirar
knot el nudo
to know *(have knowledge of)* saber
(person, place) conocer
I don't know no sé
to know how to saber
to know how to swim saber nadar
kosher kosher

L

label la etiqueta
lace *(fabric)* el encaje

L

laces *(for shoes)* los cordones
ladder la escalera (de mano)
ladies *(toilet)* los servicios de señoras
lady la señora
lager la cerveza (rubia)
bottled lager la cerveza (rubia) de botella
draught lager la cerveza (rubia) de barril
lake el lago
lamb el cordero
lamp la lámpara
lamppost la farola
lampshade la pantalla (de lámpara)
land el terreno
to land aterrizar
landlady la dueña (de la casa)
landlord el dueño (de la casa)
landslide el desprendimiento de tierras
lane el carril
language el idioma ; la lengua
language school la escuela/academia de idiomas
laptop el ordenador portátil
large grande
last último(a)
the last bus el último autobús
the last train el último tren
last night anoche
last week la semana pasada
last year el año pasado
last time la última vez
late tarde
the train is late el tren viene con retraso
sorry I'm late siento llegar tarde
later más tarde
to laugh reírse
launderette la lavandería automática
laundry service el servicio de lavandería
lavatory *(in house)* el wáter *(in public place)* los servicios
law la ley
lawn el césped
lawyer el/la abogado(a)
laxative el laxante
layby la zona de descanso
lead *(electric)* el cable
lead *(metal)* el plomo
lead-free sin plomo
leaf la hoja
leak *(of gas, liquid)* la fuga *(in roof)* la gotera
to leak: *it's leaking* *(radiator, etc)* está goteando
to learn aprender
lease *(rental)* el alquiler
leather el cuero
to leave *(a place)* irse de *(leave behind)* dejar
when does the train leave? ¿a qué hora sale el tren?

left: *on/to the left* a la izquierda
left-handed *(person)* zurdo(a)
left-luggage *(office)* la consigna
left-luggage locker la consigna automática
leg la pierna
legal legal
leisure centre el polideportivo
lemon el limón
lemonade la gaseosa
to lend prestar
length la longitud
lens *(phototgraphic)* el objetivo
(contact lens) la lentilla
lesbian lesbiana
less menos
less than menos de que
lesson la clase
to let *(to allow)* permitir
(to hire out) alquilar
letter la carta
(of alphabet) la letra
letterbox el buzón
lettuce la lechuga
level crossing el paso a nivel
library la biblioteca
licence el permiso
(driving) el carné de conducir
lid la tapa
lie *(untruth)* la mentira
to lie down acostarse
lifebelt el salvavidas
lifeboat el bote salvavidas
lifeguard el/la socorrista
life insurance el seguro de vida
life jacket el chaleco salvavidas
life raft la balsa salvavidas
lift *(elevator)* el ascensor
can you give me a lift? ¿me lleva?
lift pass *(on ski slopes)* el forfait
light *(not heavy)* ligero(a)
light la luz
have you a light? ¿tiene fuego?
light bulb la bombilla
lighter el encendedor ; el mechero
lighthouse el faro
lightning el relámpago
like *(similar to)* como
to like gustar
I like coffee me gusta el café
I don't like... no me gusta...
I'd like to... me gustaría...
we'd like to... nos gustaría...
lilo® la colchoneta hinchable
lime *(fruit)* la lima
line *(row, queue)* la fila
(telephone) la línea
linen el lino

L

lingerie la lencería
lips los labios
lip-reading la lectura de labios
lip salve el cacao para los labios
lipstick la barra de labios
liqueur el licor
list la lista
to listen to escuchar
litre el litro
litter *(rubbish)* la basura
little pequeño(a)
a little... un poco...
to live vivir
I live in Edinburgh vivo en Edimburgo
he lives in a flat vive en un piso
liver el hígado
living room el salón
loaf el pan de molde
local de la región ; del país
lock *(on door, box)* la cerradura
the lock is broken la cerradura está rota
to lock cerrar con llave
locker *(luggage)* la consigna
locksmith el/la cerrajero(a)
log *(for fire)* el leño
log book *(car)* los papeles del coche
lollipop la piruleta ; el chupón
London Londres
in London en Londres
to London a Londres
long largo(a)
for a long time (por) mucho tiempo
long-sighted hipermétrope
to look after cuidar
to look at mirar
to look for buscar
loose suelto(a)
it's come loose se ha soltado
lorry el camión
to lose perder
lost perdido(a)
I've lost... he perdido...
I'm lost me he perdido
lost property office la oficina de objetos perdidos
lot: *a lot of* mucho
lotion la loción
lottery la lotería
loud *(sound, voice)* fuerte *(volume)* alto(a)
lounge el salón
love el amor
to love *(person)* querer
I love swimming me encanta nadar
I love you te quiero
lovely precioso(a)
low bajo(a)
low-alcohol con baja graduación
low-fat bajo(a) en calorías

low tide la marea baja
luck la suerte
lucky: ***to be lucky*** tener suerte
luggage el equipaje
luggage allowance el equipaje permitido
luggage rack el portaequipajes
luggage tag la etiqueta
luggage trolley el carrito
lump *(swelling)* el bulto
(on head) el chichón
lunch la comida
lunch break la hora de la comida
lung el pulmón
luxury de lujo

M

machine la máquina
mad loco(a)
magazine la revista
maggot el gusano
magnet el imán
magnifying glass la lupa
maid *(in hotel)* la camarera
maiden name el apellido de soltera
mail el correo
by mail por correo
main principal
main course *(of meal)* el plato principal
main road la carretera principal
Majorca Mallorca
make *(brand)* la marca
to make hacer
make-up el maquillaje
male masculino(a)
mallet el mazo
man el hombre
to manage *(be in charge of)* dirigir
manager el/la gerente
manual *(gear change)* manual
many muchos(as)
map *(of region, country)* el mapa
(of town) el plano
marble el mármol
March marzo
margarine la margarina
marina el puerto deportivo
mark *(stain)* la mancha
market el mercado
where is the market? ¿dónde está el mercado?
when is the market? ¿cuándo hay mercado?
market place la plaza (del mercado)
marmalade la mermelada de naranja
married casado(a)
I'm married estoy casado(a)
are you married? ¿está casado(a)?
to marry casarse con

M

marsh la marisma
mascara el rímel®
masher *(potato)* el pasapurés
mass *(in church)* la misa
mast el mástil
masterpiece la obra maestra
match *(game)* el partido
matches las cerillas
material *(cloth)* la tela
to matter importar
it doesn't matter no importa
what's the matter? ¿qué pasa?
mattress el colchón
May mayo
mayonnaise la mayonesa
maximum máximo(a)
meal la comida
to mean querer decir
what does this mean? ¿qué quiere decir esto?
measles el sarampión
to measure medir
meat la carne
mechanic el/la mecánico(a)
medical insurance el seguro médico
medical treatment el tratamiento médico
medicine la medicina
medieval medieval
Mediterranean el Mediterráneo
medium rare *(meat)* medio(a) hecho(a)
to meet *(by chance)* encontrarse con
(by arrangement) ver
I'm meeting her tomorrow he quedado con ella mañana
meeting la reunión
meeting point el punto de reunión
to melt derretir
member *(of club, etc)* el/la socio(a)
membership fee la cuota de socio
memory el recuerdo
men los hombres
to mend arreglar
meningitis la meningitis
menu la carta
set menu el menú del día
message el mensaje
metal el metal
meter el contador
metre el metro
metro *(underground)* el metro
metro station la estación de metro
microwave oven el microondas
midday las doce del mediodía
middle el medio
middle-aged de mediana edad

midge el mosquito enano
midnight la medianoche
at midnight a medianoche
migraine la jaqueca ; la migraña
I've a migraine tengo jaqueca
mile la milla
milk la leche
fresh milk la leche fresca
hot milk la leche caliente
long-life milk la leche de larga duración (UHT)
powdered milk la leche en polvo
semi-skimmed milk la leche semidesnatada
skimmed milk la leche desnatada
soya milk la leche de soja
with milk con leche
milkshake el batido
millimetre el milímetro
mince *(meat)* la carne picada
mind: ***do you mind if ...?*** ¿le importa que...?
I don't mind no me importa
mineral water el agua mineral
minibar el minibar
minimum el mínimo
minister *(political)* el/la ministro(a)
(church) el/la pastor(a)
minor road la carretera secundaria
mint *(herb)* la menta
(sweet) la pastilla de menta
minute el minuto
mirror el espejo
miscarriage el aborto no provocado
to miss *(train, etc)* perder
Miss la señorita
missing *(lost)* perdido(a)
my son is missing se ha perdido mi hijo
mistake el error
misty: ***it's misty*** hay neblina
misunderstanding la equivocación
to mix mezclar
mixer *(food processor)* el robot (de cocina)
(hand-held) la batidora
mobile (phone) el (teléfono) móvil
modem el módem
modern moderno(a)
moisturizer la leche/crema hidratante
mole *(on skin)* el lunar
moment el momento
just a moment un momento
monastery el monasterio
Monday el lunes
money el dinero
I've no money no tengo dinero
moneybelt la riñonera
money order el giro postal
month el mes

M

this month este mes
last month el mes pasado
next month el mes que viene

monthly mensualmente ; mensual

monument el monumento

moon la luna

mooring el atracadero

mop la fregona

moped el ciclomotor

more más
more than más que
more wine más vino

morning la mañana
in the morning por la mañana
this morning esta mañana
tomorrow morning mañana por la mañana

morning-after pill la píldora (anticonceptiva) del día después

mosque la mezquita

mosquito el mosquito

mosquito bite la picadura de mosquito

mosquito net la mosquitera

mosquito repellent el repelente contra mosquitos

most: *most of* la mayor parte de ; la mayoría de

moth *(clothes)* la polilla

mother la madre

mother-in-law la suegra

motor el motor

motorbike la moto

motorboat la lancha motora

motorway la autopista

mountain la montaña

mountain bike la bicicleta de montaña

mountain rescue el rescate de montaña

mountaineering el montañismo

mouse *(animal, computer)* el ratón

moustache el bigote

mouth la boca

mouthwash el enjuague bucal

to move mover
it isn't moving no se mueve

movie la película

to mow cortar

Mr el señor (Sr.)

Mrs la señora (Sra.)

Ms la señora (Sra.)

much mucho(a)
too much demasiado(a)

muddy embarrado(a)

mugging el atraco

mumps las paperas

muscle el músculo

museum el museo

mushrooms los champiñones

music la música

musical musical

must *(to have to)* deber

I must debo
we must debemos
I musn't no debo
we musn't no debemos

mustard la mostaza

my mi

N

nail *(fingernail)* la uña
(metal) el clavo

nailbrush el cepillo de uñas

nail clippers el cortaúñas

nail file la lima (de uñas)

nail polish el esmalte de uñas

nail polish remover el quitaesmalte

nail scissors las tijeras de uñas

name el nombre
my name is... me llamo...
what's your name? ¿cómo se llama?

nanny la niñera

napkin la servilleta

nappies los pañales

narrow estrecho(a)

national nacional

national park el parque nacional

nationality la nacionalidad

natural natural

nature la naturaleza

nature reserve la reserva natural

navy blue azul marino

near to cerca de
near to the bank cerca del banco
is it near? ¿está cerca?

necessary necesario(a)

neck el cuello

necklace el collar

nectarine la nectarina

to need necesitar
I need... necesito...
we need... necesitamos...
I need to go tengo que ir

needle la aguja
a needle and thread una aguja e hilo

negative *(photo)* el negativo

neighbour el/la vecino(a)

nephew el sobrino

net la red
the Net la Red ; el/la Internet

never nunca
I never drink wine nunca bebo vino

new nuevo(a)

news *(TV, radio, etc)* las noticias

newsagent's la tienda de prensa

newspaper el periódico

newsstand el kiosko de prensa

New Year el Año Nuevo
Happy New Year! ¡Feliz Año Nuevol

New Year's Eve la Nochevleja

N

New Zealand Nueva Zelanda

next próximo(a)
next to al lado de
next week la próxima semana
the next stop la próxima parada
the next train el próximo tren

nice *(person)* simpático(a)
(place, holiday) bonito(a)

niece la sobrina

night la noche
at night por la noche
last night anoche
per night por noche
tomorrow night mañana por la noche
tonight esta noche

night club el club nocturno

nightdress el camisón

night porter el guarda nocturno

no no
no entry prohibida la entrada
no smoking prohibido fumar
(without) sin
no sugar sin azúcar
no ice sin hielo
no problem ¡por supuesto!

nobody nadie

noise el ruido
it's very noisy hay mucho ruido

non-alcoholic sin alcohol

none ninguno(a)

non-smoker el/la no fumador(a)

non-smoking no fumador

normal normal

north el norte

Northern Ireland Irlanda del Norte

nose la nariz

nosebleed la hemorragia nasal

not no
I am not... no estoy ... ; no soy ...

note *(banknote)* el billete
(written) la nota

note pad el bloc

nothing nada
nothing else nada más

notice *(sign)* el anuncio
(warning) el aviso

notice board el tablón de anuncios

novel la novela

November noviembre

now ahora

nowhere en ninguna parte

nuclear nuclear

nudist beach la playa nudista

number el número

numberplate *(car)* la matrícula

nurse la/el enfermera(o)

nursery school la guardería (infantil)

nursery slope la pista para principiantes

nut *(for bolt)* la tuerca

nuts *(to eat)* los frutos secos

O

oar el remo

oats los copos de avena

to obtain obtener

occupation *(work)* la profesión

ocean el océano

October octubre

odd *(strange)* raro(a)
(not even) impar

of de
a glass of wine un vaso de vino
made of ... hecho(a) de...

off *(light, etc)* apagado(a)
(rotten) pasado(a)

office la oficina

often a menudo
how often? ¿cada cuánto?

oil el aceite

oil filter el filtro de aceite

oil gauge el indicador del aceite

ointment la pomada

OK ¡vale!

old viejo(a)
how old are you? ¿cuántos años tiene?
I'm ... years old tengo ... años

old age pensioner el/la pensionista (de la tercera edad)

olive la aceituna

olive oil el aceite de oliva

olive tree el olivo

on *(light, TV, engine)* encendido(a)

on sobre ; encima
on the table sobre la mesa
on time a la hora

once una vez
at once en seguida

one-way dirección única

onion la cebolla

only sólo

open abierto(a)

to open abrir

opera la ópera

operation la operación

operator *(phone)* el/la telefonista

opposite (to) enfrente (de)
opposite the bank enfrente del banco
quite the opposite! ¡todo lo contrario!

optician's la óptica

or o

orange *(fruit)* la naranja
(colour) naranja

orange juice el zumo de naranja

orchestra la orquesta
order: ***out of order*** averiado(a)
to order *(in restaurant)* pedir
can I order? ¿puedo pedir?
organic biológico(a) ; ecológico(a)
to organize organizar
ornament el adorno
other: ***the other one*** el/la otro(a)
have you any others? ¿tiene otros(as)?
ounce = approx. 30 g
our nuestro(a)
out *(light)* apagado(a)
he's (gone) out ha salido
outdoor *(pool, etc)* al aire libre
outside: ***it's outside*** está fuera
oven el horno
ovenproof dish resistente al horno
over *(on top of)* (por) encima de
to be overbooked tener over-booking
to overcharge cobrar de más
overdone *(food)* demasiado hecho(a)
overdose la sobredosis
to overheat recalentar
to overload sobrecargar
to oversleep quedarse dormido(a)
to overtake *(in car)* adelantar
to owe deber
I owe you... le debo...
you owe me... me debe...
owner el/la propietario(a)
oxygen el oxígeno

P

pace el ritmo
pacemaker el marcapasos
to pack *(luggage)* hacer las maletas
package el paquete
package tour el viaje organizado
packet el paquete
padded envelope el sobre acolchado
paddling pool la piscina hinchable
padlock el candado
page la página
paid pagado(a)
I've paid he pagado
pain el dolor
painful doloroso(a)
painkiller el analgésico ; el calmante
to paint pintar
paintbrush el pincel
painting *(picture)* el cuadro

pair el par
palace el palacio
pale pálido(a)
pan *(saucepan)* la cacerola
(frying) la sartén
pancake el crep(e)
panniers *(for bike)* las alforjas
panties las bragas
pants *(men's underwear)*
los calzoncillos
panty liner el salvaslip
paper el papel
paper hankies los pañuelos de papel
paper napkins las servilletas de papel
papoose *(for carrying baby)*
la mochila portabebés
paragliding el parapente
paralysed paralizado(a)
parcel el paquete
pardon? ¿cómo?
I beg your pardon!
¿perdón?
parents los padres
park el parque
to park aparcar
parking disk el tique de aparcamiento
parking meter
el parquímetro
parking ticket *(fine)* la multa por aparcamiento indebido
partner *(business)*
el/la socio(a)
(boy/girlfriend)
el/la compañero(a)
party *(group)* el grupo
(celebration) la fiesta
(political) el partido
pass *(mountain)* el puerto
(train) el abono
(bus) el bonobús
passenger el/la pasajero(a)
passport el pasaporte
passport control el control de pasaportes
pasta la pasta
pastry *(dough)* la masa
(cake) el pastel
path el camino
patient *(in hospital)*
el/la paciente
pavement la acera
to pay pagar
I'd like to pay quisiera pagar
where do I pay ¿dónde se paga?
payment el pago
payphone el teléfono público
peace la paz
peach el melocotón
peak rate la tarifa máxima
pear la pera
pearls las perlas
peas los guisantes
pedal el pedal
pedalo el hidropedal
pedestrian el peatón

P

pedestrian crossing el paso de peatones
to pee hacer pipí
to peel *(fruit)* pelar
peg *(for clothes)* la pinza *(for tent)* la estaca
pen el bolígrafo ; el boli
pencil el lápiz
penfriend el/la amigo(a) por correspondencia
penicillin la penicilina
penis el pene
penknife la navaja
pensioner el/la jubilado(a) ; el/la pensionista
people la gente
pepper *(spice)* la pimienta *(vegetable)* el pimiento
per por
per day al día
per hour por hora
per week a la semana
per person por persona
50 km per hour 50 km por hora
perfect perfecto(a)
performance la función
perfume el perfume
perhaps quizá(s)
period *(menstruation)* la regla
perm la permanente
permit el permiso
person la persona
personal organizer la agenda
personal stereo el walkman®
pet el animal doméstico
pet food la comida para animales
pet shop la pajarería
petrol la gasolina
4-star petrol la gasolina súper
unleaded petrol la gasolina sin plomo
petrol cap el tapón del depósito
petrol pump el surtidor
petrol station la gasolinera
petrol tank el depósito
pharmacy la farmacia
phone el teléfono
by phone por teléfono
to phone llamar por teléfono
phonebook la guía (telefónica)
phonebox la cabina (telefónica)
phone call la llamada (telefónica)
phonecard la tarjeta telefónica
photocopy la fotocopia
to photocopy fotocopiar
photograph la fotografía
to take a photograph hacer una fotografía
phrase book la guía de conversación
piano el piano

to pick *(choose)* elegir
(pluck) coger
pickled en vinagre
pickpocket el/la carterista
picnic el picnic
to have a picnic ir de picnic
picnic area el merendero
picnic hamper la cesta de la merienda
picnic rug la mantita
picture *(painting)* el cuadro
(photo) la foto
pie *(fruit)* la tarta
(meat) el pastel de carne
(and/or vegetable) la empanada
piece el trozo
pier el embarcadero ; el muelle
pig el cerdo
pill la píldora
to be on the pill tomar la píldora
pillow la almohada
pillowcase la funda de almohada
pilot el/la piloto
pin el alfiler
pink rosa
pint = approx. 0.5 litre
pipe *(smoker's)* la pipa
(drain, etc) la tubería
pity: ***what a pity*** ¡qué pena!
pizza la pizza
place el lugar
place of birth el lugar de nacimiento
plain *(yoghurt)* natural
plait la trenza
plan *(of town)* el plano
plane *(airplane)* el avión
plant la planta
plaster *(sticking)* la tirita®
(for broken limb) la escayola
plastic *(made of)* de plástico
plastic bag la bolsa de plástico
plate el plato
platform el andén
which platform? ¿qué andén?
play *(theatre)* la obra
to play *(games)* jugar
play area la zona recreativa
play park el parque infantil
playroom el cuarto de juegos
pleasant agradable
please por favor
pleased contento(a)
pleased to meet you encantado(a) de conocerle(la)
pliers los alicates
plug *(electrical)* el enchufe
(for sink) el tapón
to plug in enchufar
plum la ciruela
plumber el/la fontanero(a)

potato salad la ensalada de patatas
pothole el bache
pottery la cerámica
pound *(weight)* = approx. 0.5 kilo
(money) la libra
to pour echar ; servir
powder el polvo
in powder form en polvo
powdered milk la leche en polvo
power *(electicity)* la electricidad
power cut el apagón
pram el cochecito (de bebé)
to pray rezar
to prefer preferir
pregnant embarazada
I'm pregnant estoy embarazada
to prepare preparar
to prescribe prescribir
prescription la receta médica
present *(gift)* el regalo
preservative el conservante
president el/la presidente(a)
pressure la presión
pretty bonito(a)
price el precio
price list la lista de precios
priest el sacerdote ; el cura
prime minister el/la primer(a) ministro(a)
print *(photo)* la copia
to print imprimir
printer la impresora
prison la cárcel
private privado(a)
prize el premio
probably probablemente
problem el problema
professor el/la catedrático(a)
programme *(TV, radio)* el programa
prohibited prohibido(a)
promise la promesa
to promise prometer
to pronounce pronunciar
how's it pronounced? ¿cómo se pronuncia?
Protestant protestante
to provide proporcionar
public público(a)
public holiday la fiesta (oficial)
pudding el postre
to pull tirar
I've pulled a muscle me ha dado un tirón en el músculo
to pull over *(car)* hacerse a un lado
pullover el jersey
pump *(bike, etc)* la bomba
(petrol) el surtidor
puncture el pinchazo
puncture repair kit el kit para reparar pinchazos

puppet la marioneta
puppet show el espectáculo de marionetas
purple morado(a)
purpose el propósito
on purpose a propósito
purse el monedero
to push empujar
pushchair la sillita de paseo
to put *(place)* poner
pyjamas el pijama
Pyrenees los Pirineos

Q

quality la calidad
quantity la cantidad
quarantine la cuarentena
to quarrel discutir ; pelearse
quarter el cuarto
quay el muelle
queen la reina
query la pregunta
question la pregunta
queue la cola
to queue hacer cola
quick rápido(a)
quickly de prisa
quiet *(place)* tranquilo(a)
quilt el edredón (nórdico)
quite bastante
it's quite good es bastante bueno
quite expensive bastante caro
quiz el concurso

R

rabbit el conejo
rabies la rabia
race *(sport)* la carrera
race course *(horses)* el hipódromo
racket *(tennis, etc)* la raqueta
radiator *(car, heater)* el radiador
radio la radio
railcard el carné de descuento para el tren
railway el ferrocarril
railway station la estación de tren
rain la lluvia
to rain: *it's raining* está lloviendo
raincoat el impermeable
rake el rastrillo
rape la violación
to rape violar
rare *(unique)* excepcional *(steak)* poco hecho(a)
rash *(skin)* el sarpullido
rat la rata
rate *(price)* la tarifa
rate of exchange el tipo de cambio
raw crudo(a)

razor la maquinilla de afeitar
razor blades las hojas de afeitar
to read leer
ready listo(a)
to get ready prepararse
real verdadero(a)
to realize darse cuenta de
rearview mirror el (espejo) retrovisor
receipt el recibo
receiver *(phone)* el auricular
reception desk la recepción
receptionist el/la recepcionista
to recharge *(battery, etc)* recargar
recipe la receta
to recognize reconocer
to recommend recomendar
to record *(on tape, etc)* grabar
(facts) registrar
to recover *(from illness)* recuperarse
to recycle reciclar
red rojo(a)
to reduce reducir
reduction el descuento
to refer to referirse a
refill el recambio
refund el reembolso
to refuse negarse
regarding con respecto a
region la región
register el registro
to register *(at hotel)* registrarse
registered *(letter)* certificado(a)
registration form la hoja de inscripción
to reimburse reembolsar
relation *(family)* el/la pariente
relationship la relación
to remain *(stay)* quedarse
to remember acordarse (de)
I don't remember no me acuerdo
remote control el mando a distancia
removal firm la empresa de mudanzas
to remove quitar
rent el alquiler
to rent alquilar
rental el alquiler
repair la reparación
to repair reparar
to repeat repetir
to reply contestar
report el informe
to report informar
request la solicitud
to request solicitar
to require necesitar
to rescue rescatar
reservation la reserva

R

to reserve reservar
reserved reservado(a)
resident el/la residente
resort el centro turístico
rest *(repose)* el descanso *(remainder)* el resto
to rest descansar
restaurant el restaurante
restaurant car el coche restaurante
retired jubilado(a)
to return *(to go back)* volver *(to give back something)* devolver
return *(ticket)* de ida y vuelta
to reverse dar marcha atrás
to reverse the charges llamar a cobro revertido
reverse charge call la llamada a cobro revertido
reverse gear la marcha atrás
rheumatism el reumatismo
rib la costilla
rice el arroz
rich *(person)* rico(a) *(food)* pesado(a)
to ride a horse montar a caballo
right *(correct)* correcto(a) ***to be right*** tener razón
right: *on/to the right* a la derecha
right of way el derecho de paso
to ring *(bell, to phone)* llamar ***it's ringing*** está sonando
ring el anillo
ring road la carretera de circunvalación
ripe maduro(a)
river el río
road la carretera
road sign la señal de tráfico
roadworks las obras
roast asado(a)
roll *(bread)* el panecillo
rollerblades los patines en línea
romantic romántico(a)
roof el tejado
roof-rack la baca
room *(in house, hotel)* la habitación *(space)* sitio
double room la habitación doble
single room la habitación individual
family room la habitación familiar
room number el número de habitación
room service el servicio de habitaciones
root la raíz
rope la cuerda
rose la rosa
rosé wine el (vino) rosado
rotten *(fruit, etc)* podrido(a)
rough *(sea)* picado(a)
round *(shape)* redondo(a)
roundabout *(traffic)* la rotonda

row *(line, theatre)* la fila
to row *(boat)* remar
rowing *(sport)* el remo
rowing boat el bote de remos
royal real
rubber *(material)* la goma
(eraser) la goma de borrar
rubber band la goma
rubber gloves los guantes de goma
rubbish la basura
rubella la rubeola
rucksack la mochila
rug la alfombra
ruins las ruinas
ruler *(for measuring)* la regla
to run correr
rush hour la hora punta
rusty oxidado(a)
rye el centeno

S

sad triste
saddle *(bike)* el sillín
(horse) la silla de montar
safe seguro(a)
is it safe? ¿es seguro(a)?
safe *(for valuables)* la caja fuerte
safety belt el cinturón de seguridad
safety pin el imperdible
to sail *(sport, leisure)* navegar
sailboard la tabla de windsurf
sailing *(sport)* la vela
sailing boat el velero
saint el/la santo(a)
salad la ensalada
green salad la ensalada verde
mixed salad la ensalada mixta
potato salad la ensalada de patatas
tomato salad la ensalada de tomate
salad dressing el aliño
salami el salchichón ; el salami
salary el sueldo
sale(s) las rebajas
salesman/woman el/la vendedor(a)
sales rep el/la representante
salt la sal
salt water el agua salada
salty salado(a)
same mismo(a)
sample la muestra
sand la arena
sandals las sandalias
sandwich el bocadillo ; el sándwich
toasted sandwich el sándwich tostado
sanitary towels las compresas
satellite dish la antena parabólica

S

satellite TV la televisión por satélite
Saturday el sábado
sauce la salsa
tomato sauce la salsa de tomate
saucepan la cacerola
saucer el platillo
sauna la sauna
sausage la salchicha
to save *(life)* salvar
(money) ahorrar
savoury salado(a)
saw la sierra
to say decir
scales *(weighing)* el peso
scarf *(woollen)* la bufanda
(headscarf) el pañuelo
scenery el paisaje
schedule el programa
school la escuela
primary school la escuela primaria
secondary school el instituto de enseñanza secundaria
scissors las tijeras
score *(of match)* la puntuación
to score a goal marcar un gol
Scot el escocés/la escocesa
Scotland Escocia
Scottish escocés/escocesa
scouring pad el estropajo
screen *(computer, TV)* la pantalla
screenwash el limpiacristales
screw el tornillo
screwdriver el destornillador
phillips screwdriver® el destornillador de estrella
scuba diving el submarinismo
sculpture la escultura
sea el mar
seafood el/los marisco(s)
seam *(of dress)* la costura
to search buscar
seasick mareado(a)
seaside la playa
at the seaside en la playa
season *(of year)* la estación
(holiday) la temporada
in season del tiempo
seasonal estacional
season ticket el abono
seasoning el condimento
seat *(chair)* la silla
(in bus, train) el asiento
seatbelt el cinturón de seguridad
seaweed las algas
second segundo(a)
second *(time)* el segundo
second class de segunda clase
second-hand de segunda mano
secretary el/la secretario(a)
security guard el/la guarda de seguridad

sedative el sedante
to see ver
self-catering sin servicio de comidas
self-employed autónomo(a)
self-service el self-service ; el autoservicio
to sell vender
do you sell...? ¿tiene...?
sell-by date la fecha de limite de venta
Sellotape® el celo
to send enviar
senior citizen el/la jubilado(a)
sensible sensato(a)
separated *(couple)* separado(a)
separately: ***to pay separately*** pagar por separado
September septiembre
septic tank el pozo séptico
serious *(accident, etc)* grave
to serve servir
service *(in church)* la misa
(in restaurant) el servicio
Is service included? ¿está incluido el servicio?
service charge el servicio
service station la estación de servicio
serviette la servilleta
set menu el menú del día
settee el sofá
several varios(as)
to sew coser
sex el sexo
shade la sombra
into the shade a la sombra
to shake *(bottle)* agitar
shallow poco profundo(a)
shampoo el champú
shampoo and set lavar y marcar
to share compartir ; dividir
sharp *(razor, knife)* afilado(a)
to shave afeitarse
shaving cream la crema de afeitar
shawl el chal
she ella
sheep la oveja
sheet *(bed)* la sábana
shelf el estante
shell *(seashell)* la concha
(egg, nut) la cáscara
sheltered protegido(a)
shepherd el/la pastor(a)
sherry el jerez
to shine brillar
shingles el herpes zóster ; la culebrilla
ship el barco
shirt la camisa
shock el susto
(electric) la descarga
shock absorber el amortiguador
shoe el zapato
shoelaces los cordones (de los zapatos)

shoe polish el betún
shoe shop la zapatería
shop la tienda
to shop hacer las compras ; comprar
shop assistant el/la dependiente(a)
shopping las compras
to go shopping ir de compras/tiendas
shopping centre el centro comercial
shore la orilla
short corto(a)
shortage la escasez
short circuit el cortocircuito
short cut el atajo
shorts los pantalones cortos
short-sighted miope
shoulder el hombro
to shout gritar
show *(theatrical)* el espectáculo
to show enseñar
shower *(bath)* la ducha
(rain) el chubasco
to take a shower ducharse
shower cap el gorro de ducha
shower gel el gel de ducha
to shrink encoger
shut *(closed)* cerrado(a)
to shut cerrar
shutters *(outside)* las persianas
shuttle service el servicio regular de enlace
sick *(ill)* enfermo(a)
I feel sick tengo ganas de vomitar
side el lado
side dish la guarnición
sidelight la luz de posición
sidewalk la acera
sieve *(for liquids)* el colador
(for flour, etc) el tamiz
sightseeing: *to go sightseeing* hacer turismo
sightseeing tour el recorrido turístico
sign la señal
to sign firmar
signature la firma
signpost la señal
silk la seda
silver la plata
similar to parecido(a) a
since desde ; puesto que
since 1974 desde 1974
since you're not Spanish puesto que no es español(a)
to sing cantar
single *(unmarried)* soltero(a)
(bed, room) individual
single ticket el billete de ida
sink *(in kitchen)* el fregadero
sir señor
sister la hermana
sister-in-law la cuñada

to sit sentarse
sit down, please siéntese, por favor
size *(clothes)* la talla
(shoes) el número
to skate patinar
skateboard el monopatín
skates los patines
skating rink la pista de patinaje
ski el esquí
to ski esquiar
ski boots las botas de esquí
skiing el esquí
ski instructor el/la monitor(a) de esquí
ski jump el salto de esquí
ski lift el telesquí
ski pants los pantalones de esquí
ski pass el forfait
ski pole/stick el bastón de esquí
ski run/piste la pista de esquí
ski suit el traje de esquí
skin la piel
skirt la falda
sky el cielo
sledge el trineo
to sleep dormir
to sleep in quedarse dormido(a)
sleeper *(on train)* la litera
sleeping bag el saco de dormir
sleeping car el coche cama
sleeping pill el somnífero
slice *(of bread)* la rebanada
(of ham) la loncha
sliced bread el pan de molde
slide *(photo)* la diapositiva
to slip resbalarse
slippers las zapatillas
slow lento(a)
to slow down reducir la velocidad
slowly despacio
small pequeño(a)
smaller than más pequeño(a) que
smell el olor
a bad smell un mal olor
a nice smell un buen olor
smile la sonrisa
to smile sonreir
to smoke fumar
I don't smoke no fumo
can I smoke? ¿puedo fumar?
smoke el humo
smoke alarm la alarma contra incendios
smoked ahumado(a)
smokers *(sign)* fumadores
smooth liso(a)
snack el tentempié
to have a snack tomar algo
snack bar la cafetería
snake la serpiente

S

snake bite la mordedura de serpiente
to sneeze estornudar
to snore roncar
snorkel el esnórkel
snow la nieve
to snow nevar
it's snowing está nevando
snow board el snowboard
snowboarding: ***to go snowboarding*** ir a hacer snowboard
snow chains las cadenas (para la nieve)
snow tyres los neumáticos antideslizantes
snowed up aislado(a) por la nieve
soap el jabón
soap powder el detergente
sober sobrio(a)
socket *(for plug)* el enchufe
socks los calcetines
soda water la soda
sofa el sofá
sofa bed el sofá-cama
soft blando
soft drink el refresco
software el software
soldier el soldado
sole *(of foot, shoe)* la suela
soluble soluble
some algunos(as)
someone alguien
something algo
sometimes a veces
son el hijo
son-in-law el yerno
song la canción
soon pronto
as soon as possible lo antes posible
sore throat el dolor de garganta
sorry: ***sorry!*** ¡perdón!
I'm sorry! ¡lo siento!
sort el tipo
what sort? ¿qué tipo?
soup la sopa
sour amargo(a)
soured cream la nata agria
south el sur
souvenir el souvenir
spa el spa ; el balneario
space el espacio
spade la pala
Spain España
Spaniard el/la español(a)
Spanish español(a)
spanner la llave inglesa
spare parts los repuestos
spare room el cuarto de invitados
spare tyre la rueda de repuesto
spare wheel la rueda de repuesto
sparkling espumoso(a)
sparkling water el agua con gas

sparkling wine el vino espumoso
spark plug la bujía
to speak hablar
do you speak English? ¿habla inglés?
special especial
specialist el/la especialista
speciality la especialidad
speed la velocidad
speedboat la lancha motora
speeding el exceso de velocidad
speeding ticket la multa por exceso de velocidad
speed limit la velocidad máxima
to exceed the speed limit exceder la velocidad máxima
speedometer el velocímetro
spell: ***how is it spelt?*** ¿cómo se escribe?
to spend *(money)* gastar
spice la especia
spicy picante
spider la araña
to spill derramar
spine la columna (vertebral)
spin-dryer la secadora-centrifugadora
spirits el alcohol
splinter la astilla
spoke *(wheel)* el radio
sponge la esponja
spoon la cuchara
sport el deporte
sports centre el polideportivo
sports shop la tienda de deportes
spot *(pimple)* la espinilla
sprain el esguince
spring *(season)* la primavera
(metal) el muelle
square *(in town)* la plaza
squash *(game)* el squash
to squeeze apretar
(lemon) exprimir
squid el calamar
stadium el estadio
stage el escenario
stain la mancha
stained glass la vidriera
stairs las escaleras
stale *(bread)* duro(a)
stalls *(theatre)* las butacas (de patio)
stamp *(postage)* el sello
to stand estar de pie
star la estrella
to start *(car)* poner en marcha
starter *(in meal)* entrante
(in car) la puesta en marcha
station la estación
stationer's la papelería
statue la estatua
stay la estancia
enjoy your stay! ¡que lo pase bien!

S

to stay *(remain)* quedarse
I'm staying at the hotel... estoy alojado(a) en el hotel...
steak el filete
to steal robar
steamed al vapor
steel el acero
steep: ***is it steep?*** ¿hay mucha subida?
steeple la aguja
steering wheel el volante
step el peldaño
stepdaughter la hijastra
stepfather el padrastro
stepmother la madrastra
stepson el hijastro
stereo el estéreo
sterling *(pounds)* las libras esterlinas
steward *(on plane)* el auxiliar de vuelo
stewardess *(on plane)* la azafata
to stick *(with glue)* pegar
sticking plaster la tirita®
still *(not fizzy)* sin gas
sting la picadura
to sting picar
stitches *(surgical)* los puntos
stockings las medias
stomach el estómago
stomach upset el trastorno estomacal
stone la piedra
to stop parar
store *(shop)* la tienda
storey el piso
storm la tormenta
(at sea) el temporal
story la historia
straightaway inmediatamente
straight on todo recto
strange extraño(a)
straw *(for drinking)* la pajita
strawberries las fresas
stream el arroyo
street la calle
street map el plano de la ciudad
strength la fuerza
stress el estrés
strike *(of workers)* la huelga
string la cuerda
striped a rayas
stroke *(medical)* la trombosis
strong fuerte
stuck: ***it's stuck*** está atascado(a)
student el/la estudiante
student discount el decuento para estudiantes
stuffed relleno(a)
stung picado(a)
stupid tonto(a)
subscription la suscripción
subtitles los subtítulos
subway *(train)* el metro
(passage) el paso subterráneo

suddenly de repente
suede el ante
sugar el azúcar
sugar-free sin azúcar
to suggest sugerir
suit *(men's and women's)* el traje
suitcase la maleta
sum la suma
summer el verano
summer holidays las vacaciones de verano
summit la cumbre
sun el sol
to sunbathe tomar el sol
sunblock la protección solar
sunburn la quemadura del sol
Sunday el domingo
sunglasses las gafas de sol
sunny: ***it's sunny*** hace sol
sunrise la salida del sol
sunroof el techo solar
sunscreen el filtro solar
sunset la puesta de sol
sunshade la sombrilla
sunstroke la insolación
suntan el bronceado
suntan lotion el bronceador
supermarket el supermercado
supper la cena
supplement el suplemento
to supply suministrar
to surf hacer surf
to surf the Net navegar por Internet
surfboard la tabla de surf
surgery *(operation)* la operación
surname el apellido
surprise la sorpresa
surrounded by rodeado(a) de
to survive sobrevivir
to swallow tragar
to sweat sudar
sweater el jersey
sweatshirt la sudadera
sweet *(not savoury)* dulce
sweet *(dessert)* el dulce
sweetener el edulcorante ; la sacarina®
sweets los caramelos
to swell *(injury, etc)* hincharse
to swim nadar
swimming pool la piscina
swimsuit el bañador
swing *(for children)* el columpio
Swiss suizo(a)
switch el interruptor
to switch off apagar
to switch on encender
Switzerland Suiza
swollen hinchado(a)
synagogue la sinagoga
syringe la jeringuilla

T

table la mesa
tablecloth el mantel
tablespoon la cuchara de servir
table tennis el ping-pong
tablet *(pill)* la pastilla
tailor's la sastrería
to take *(medicine, etc)* tomar
how long does it take? ¿cuánto tiempo se tarda?
take-away *(food)* para llevar
to take off despegar
to take out *(of bag, etc)* sacar
talc los polvos de talco
to talk to hablar con
tall alto(a)
tampons los tampones
tangerine la mandarina
tank *(petrol)* el depósito
(fish) la pecera
tap el grifo
tap water el agua corriente
tape *(video)* la cinta
tape measure el metro
tape recorder el casete
tart la tarta
taste el sabor
to taste probar
can I taste it? ¿puedo probarlo?
tax el impuesto
taxi el taxi
taxi driver el/la taxista
taxi rank la parada de taxis
tea el té
herbal tea la infusión
lemon tea el té con limón
strong tea el té cargado
teabag la bolsita de té
teapot la tetera
teaspoon la cucharilla
tea towel el paño de cocina
to teach enseñar
teacher el/la profesor(a)
team el equipo
tear *(in material)* el rasgón
teat *(on baby's bottle)* la tetina
teenager el/la adolescente
teeth los dientes
telegram el telegrama
telephone el teléfono
to telephone llamar por teléfono
telephone box la cabina (telefónica)
telephone call la llamada (telefónica)
telephone card la tarjeta telefónica
telephone directory la guía (telefónica)
telephone number el número de teléfono
television la televisión
to tell decir

temperature la temperatura
to have a temperature tener fiebre
temporary provisional
tenant el/la inquilino(a)
tendon el tendón
tennis el tenis
tennis ball la pelota de tenis
tennis court la pista de tenis
tennis racket la raqueta de tenis
tent la tienda de campaña
tent peg la estaca
terminal *(airport)* la terminal
terrace la terraza
to test *(try out)* probar
testicles los testículos
tetanus el tétanos
than que
more than you más que tú
more than five más de cinco
to thank agradecer
thank you gracias
thank you very much muchas gracias
that ese/esa
(more remote) aquel/aquella
that one ése/ésa/eso
(more remote) aquél/aquélla/aquello
the el/la/los/las
theatre el teatro
theft el robo
their su/sus
them ellos/ellas
(direct) los/las
there *(over there)* allí
there is/there are hay
thermometer el termómetro
these estos/estas
these ones éstos/éstas
they ellos/ellas
thick *(not thin)* grueso(a)
thief el ladrón/la ladrona
thigh el muslo
thin *(person)* delgado(a)
thing la cosa
my things mis cosas
to think pensar
(to be of opinion) creer
thirsty: ***I'm thirsty*** tengo sed
this este/esta/esto
this one éste/ésta
thorn la espina
those esos/esas
(more remote) aquellos/aquellas
those ones ésos/ésas
(more remote) aquéllos/aquéllas
thread el hilo
throat la garganta
throat lozenges las pastillas para la garganta
through por
thumb el pulgar
thunder el trueno
thunderstorm la tormenta
Thursday el jueves

T

thyme el tomillo

ticket *(bus, train, etc)* el billete
(entrance fee) la entrada
a single ticket un billete de ida
a return ticket un billete de ida y vuelta
a tourist ticket un billete turístico
a book of tickets un abono

ticket collector el/la revisor(a)

ticket office el despacho de billetes

tide *(sea)* la marea
low tide la marea baja
high tide la marea alta

tidy arreglado(a)

to tidy up ordenar

tie la corbata

tight *(fitting)* ajustado(a)

tights las medias

tile *(roof)* la teja
(floor) la baldosa

till *(cash desk)* la caja

till *(until)* hasta
till 2 o'clock hasta las 2

time el tiempo
(clock) la hora
what time is it? ¿qué hora es?

timer *(on cooker)* el temporizador

timetable el horario

tin *(can)* la lata

tinfoil el papel de estaño

tin-opener el abrelatas

tip la propina

to tip dar propina

tipped *(cigarette)* con filtro

tired cansado(a)

tissues los kleenex®

to a
to London a Londres
to the airport al aeropuerto

toadstool el hongo venenoso

toast *(to eat)* la tostada
(raising glass) el brindis

tobacco el tabaco

tobacconist's el estanco

today hoy

toddler el/la niño(a) pequeño(a)

toe el dedo del pie

together juntos(as)

toilet los aseos ; los servicios
toilet for disabled los servicios para minusválidos

toilet brush la escobilla del wáter

toilet paper el papel higiénico

toiletries los artículos de baño

token *(for bus)* el vale

toll *(motorway)* el peaje

tomato el tomate
tinned tomatoes los tomates en lata

tomato juice el zumo de tomate
tomato soup la sopa de tomate
tomorrow mañana
tomorrow morning mañana por la mañana
tomorrow afternoon mañana por la tarde
tomorrow evening mañana por la tarde/noche
tongue la lengua
tonic water la tónica
tonight esta noche
tonsillitis la amigdalitis
too *(also)* también
too big demasiado grande
too small demasiado pequeño(a)
too hot *(food)* demasiado caliente
too noisy demasiado ruidoso(a)
tool la herramienta
toolkit el juego de herramlentas
tooth el diente
toothache el dolor de muelas
toothbrush el cepillo de dientes
toothpaste la pasta de dientes
toothpick el palillo
top: ***the top floor*** el último piso
top *(of hill)* la cima
(shirt) el top
(t-shirt) la camiseta
on top of... sobre...
topless: ***to go topless*** hacer topless
torch *(flashlight)* la linterna
torn rasgado(a)
total *(amount)* el total
to touch tocar
tough *(meat)* duro(a)
tour *(trip)* el viaje
(of museum, etc) la visita
guided tour la visita con guía
tour guide el/la guía turístico(a)
tour operator el/la tour operador(a)
tourist el/la turista
tourist office la oficina de turismo
tourist route la ruta turística
tourist ticket el billete turístico
to tow remolcar
towbar la barra de remolque
tow rope el cable de remolque
towel la toalla
tower la torre
town la ciudad
town centre el centro de la ciudad
town hall el ayuntamiento

T

town plan el plano de la ciudad
toxic tóxico(a)
toy el juguete
toy shop la juguetería
tracksuit el chándal
traditional tradicional
traffic el tráfico
traffic jam el atasco
traffic lights el semáforo
traffic warden el/la guardia de tráfico
trailer el remolque
train el tren
by train en tren
the next train el próximo tren
the first train el primer tren
the last train el último tren
trainers las zapatillas de deporte
tram el tranvía
tranquillizer el tranquilizante
to translate traducir
translation la traducción
to travel viajar
travel agent's la agencia de viajes
travel guide la guía de viajes
travel insurance el seguro de viaje
travel sickness el mareo
traveller's cheque el cheque de viaje
tray la bandeja
treatment el tratamiento
tree el árbol
trip la excursión
trolley *(luggage, shopping)* el carrito
trouble el apuro
to be in trouble estar en apuros
trousers los pantalones
truck el camión
true verdadero(a)
trunk *(luggage)* el baúl
trunks *(swimming)* el bañador
truth la verdad
to try *(attempt)* probar
to try on *(clothes)* probarse
t-shirt la camiseta
Tuesday el martes
tumble-dryer la secadora
tunnel el túnel
to turn girar
to turn around girar
to turn off *(light, etc)* apagar *(tap)* cerrar
to turn on *(light, etc)* encender *(tap)* abrir
turquoise *(colour)* turquesa
tweezers las pinzas
twice dos veces
twin-bedded room la habitación con dos camas

twins los/las mellizos(as)
identical twins los/las gemelos(as)
twisted torcido(a)
to type escribir a máquina
typical típico(a)
tyre el neumático
tyre pressure la presión de los neumáticos

U

ugly feo(a)
ulcer la úlcera
umbrella el paraguas
(sunshade) la sombrilla
uncle el tío
uncomfortable incómodo(a)
unconscious inconsciente
under debajo de
undercooked medio crudo
underground *(metro)* el metro
underpants los calzoncillos
underpass el paso subterráneo
to understand entender
I don't understand no entiendo
do you understand? ¿entiende?
underwear la ropa interior
underwater debajo del agua
to undress desvestirse
unemployed desempleado(a)
United Kingdom el Reino Unido
United States Estados Unidos
university la universidad
unleaded petrol la gasolina sin plomo
unlikely poco probable
to unlock abrir (con llave)
to unpack *(suitcases)* deshacer las maletas
unpleasant desagradable
to unplug desenchufar
to unscrew destornillar
up: *to get up* levantarse
upstairs arriba
urgent urgente
urine la orina
us nosotros(as)
USA EE.UU.
to use usar
useful útil
usual habitual
usually por lo general
U-turn el cambio de sentido

V

vacancy *(in hotel)* la habitación libre
vacant libre
vacation las vacaciones
vaccination la vacuna

V

vacuum cleaner la aspiradora
vagina la vagina
valid válido(a)
valley el valle
valuable de valor
valuables los objetos de valor
value el valor
valve la válvula
van la furgoneta
vase el florero
VAT el IVA
vegan vegetariano(a) estricto(a)
I'm vegan soy vegetariano(a) estricto(a)
vegetables las verduras
vegetarian vegetariano(a)
I'm vegetarian soy vegetariano(a)
vehicle el vehículo
vein la vena
velvet el terciopelo
vending machine la máquina expendedora
venereal disease la enfermedad venérea
ventilator el ventilador
very muy
vest la camiseta
vet el/la veterinario(a)
via por
to video *(from TV)* grabar (en vídeo)
video el vídeo
video camera la videocámara
video cassette la cinta de vídeo
video game el videojuego
video recorder el vídeo
video tape la cinta de vídeo
view la vista
village el pueblo
vinegar el vinagre
vineyard la viña
viper la víbora
virus el virus
visa el visado
visit la visita
to visit visitar
visiting hours *(hospital)* las horas de visita
visitor el/la visitante
vitamin la vitamina
voice la voz
volcano el volcán
volleyball el voleibol
voltage el voltaje
to vomit vomitar
voucher el vale ; el bono

W

wage el sueldo
waist la cintura
waistcoat el chaleco
to wait for esperar

waiter/waitress el/la camarero(a)
waiting room la sala de espera
to wake up despertarse
Wales Gales
walk un paseo
to go for a walk dar un paseo
to walk andar
walking boots las botas de montaña
walking stick el bastón
wall *(inside)* la pared
(outside) el muro
wallet la cartera
to want querer
I want quiero
we want queremos
war la guerra
ward *(hospital)* la sala
wardrobe el armario
warehouse el almacén
warm caliente
it's warm *(weather)* hace calor
to warm up *(milk, etc)* calentar
warning triangle el triángulo señalizador
to wash (oneself) lavar(se)
wash and blow dry lavado y secado a mano
washbasin el lavabo
washing machine la lavadora
washing powder el detergente
washing-up bowl el barreño
washing-up liquid el líquido lavavajillas
wasp la avispa
wasp sting la picadura de avispa
waste bin el cubo de la basura
to watch *(look at)* mirar
watch el reloj
watchstrap la correa de reloj
water el agua
bottled water el agua mineral
cold water el agua fría
drinking water el agua potable
hot/cold water el agua caliente/fría
mineral water el agua mineral
sparkling water el agua con gas
still water el agua sin gas
waterfall la cascada
water heater el calentador de agua
watermelon la sandía
waterproof impermeable
(watch) sumergible
to waterski hacer esquí acuático
watersports los deportes acuáticos
waterwings los manguitos
waves *(on sea)* las olas

W

waxing *(hair removal)* la depilación (con cera)
way *(manner)* la manera *(route)* el camino
way in *(entrance)* la entrada
way out *(exit)* la salida
we nosotros(as)
weak *(coffee, tea)* poco cargado(a)
to wear llevar
weather el tiempo
weather forecast el pronóstico del tiempo
web *(internet)* el/la Internet
website la página web
wedding la boda
wedding anniversary el aniversario de boda
wedding present el regalo de boda
wedding ring la alianza
Wednesday el miércoles
week la semana
last week la semana pasada
next week la semana que viene
per week por semana
this week esta semana
during the week durante la semana
weekday el día laborable
weekend el fin de semana
next weekend el próximo fin de semana
this weekend este fin de semana
weekly semanal
weekly ticket el billete semanal
to weigh pesar
weight el peso
welcome! ¡bienvenido(a)!
well *(water)* el pozo
well bien
he's not well no se encuentra bien
well done *(steak)* muy hecho(a)
wellington boots las botas de agua
Welsh galés/galesa *(language)* el galés
west el oeste
wet mojado(a) *(weather)* lluvioso(a)
wetsuit el traje de bucear
what? ¿qué?
wheel la rueda
wheelchair la silla de ruedas
wheel clamp el cepo
when? ¿cuándo?
where? ¿dónde?
which? ¿cuál?
which one? ¿cuál?
which ones? ¿cuáles?
while: *in a while* dentro de un rato
white blanco(a)
who? ¿quién?
whole entero(a)

wholemeal bread el pan integral
whose? ¿de quién?
why? ¿por qué?
wide ancho(a)
widow la viuda
widower el viudo
width el ancho
wife la mujer
wig la peluca
wild salvaje
to win ganar
wind el viento
windbreak el cortavientos
windmill el molino de viento
window la ventana
(shop) el escaparate
(in car, train) la ventanilla
windscreen el parabrisas
windscreen wipers los limpiaparabrisas
to windsurf hacer windsurf
windy: ***it's windy*** hace viento
wine el vino
red wine el (vino) tinto
white wine el vino blanco
dry wine el vino seco
rosé wine el (vino) rosado
sparkling wine el (vino) espumoso
house wine el vino de la casa
wine list la carta de vinos
wing el ala
wing mirror el retrovisor exterior
winter el invierno
wire el alambre
with con
with ice con hielo
with milk con leche
with sugar con azúcar
without sin
without ice sin hielo
without milk sin leche
without sugar sin azúcar
woman la mujer
wonderful maravilloso(a)
wood *(material)* la madera
(forest) el bosque
wooden de madera
wool la lana
word la palabra
work el trabajo
to work *(person)* trabajar
(machine, car) funcionar
it doesn't work no funciona
work permit el permiso de trabajo
world el mundo
world-wide mundial
worried preocupado(a)
worse peor
worth: ***it's worth...*** vale...
to wrap *(parcel)* envolver
wrapping paper el papel de envolver
wrinkles las arrugas
wrist la muñeca

W

to write escribir
please write it down escríbalo, por favor
writing paper el papel de escribir
wrong: *what's wrong* ¿qué pasa?
wrought iron el hierro forjado

X

X-ray la radiografía
to x-ray hacer una radiografía

Y

yacht el yate
year el año
this year este año
next year el año que viene
last year el año pasado
yearly anual ; anualmente
yellow amarillo(a)
Yellow Pages las páginas amarillas
yes sí
yesterday ayer
yet: *not yet* todavía no
yoghurt el yogur
plain yoghurt el yogur natural
yolk la yema
you *(polite singular)* usted
(polite plural) ustedes
(singular with friends) tú
(plural with friends) vosotros
young joven
your *(polite)* su/sus
(familiar) tu/tus
youth hostel el albergue juvenil

Z

zebra crossing el paso de peatones
zero el cero
zip la cremallera
zone la zona
zoo el zoo
zoom lens el zoom

A

a to ; at
a la estación to the station
a las 4 at 4 o'clock
a 30 kilómetros 30 km away
abadejo *m* haddock
abadía *f* abbey
abajo below ; downstairs
abanico *m* fan *(hand-held)*
abeja *f* bee
abierto(a) open
abogado(a) *m/f* lawyer
abonado(a) *m/f* season-ticket holder
abonar to pay ; to credit
abono *m* season ticket
aborto *m* abortion
aborto no provocado miscarriage
abrebotellas *m* bottle opener
abrelatas *m* tin-opener
abrigo *m* coat
abril *m* April
abrir to open ; to turn on *(tap)*
abrocharse to fasten *(seatbelt, etc)*
absceso *m* abscess
abuela *f* grandmother
abuelo *m* grandfather
aburrido(a) boring
acá *(esp LAm)* here
acabar to finish
acampar to camp
acceso *m* access
acceso andenes to the platforms
acceso prohibido no access
acceso vías to the platforms
accidente *m* accident
aceite *m* oil
aceite bronceador suntan oil
aceite de oliva olive oil
aceituna *f* olive
aceitunas aliñadas marinated olives
acelerador *m* accelerator
acento *m* accent
aceptar to accept
acera *f* pavement ; sidewalk
acero *m* steel
ácido *m* acid
acompañar to accompany
aconsejar to advise
acto *m* act
en el acto while you wait *(repairs)*
actor *m* actor
actriz *f* actress
acuerdo *m* agreement
¡de acuerdo! OK ; alright
adaptador *m* adaptor
adelantar to overtake *(in car)*
adelante forward
adicional extra ; additional
adiós goodbye ; bye
administración *f* management
admitir to accept ; to permit
no se admiten... ...not permitted

adolescente *m/f* teenager
aduana *f* customs
adulto(a) *m/f* adult
advertir to warn
aerodeslizador *m* hovercraft
aerolínea *f* airline
aeropuerto *m* airport
aerosol *m* aerosol
afeitarse to shave
aficionado(a) *m/f* fan *(cinema, jazz, etc)*
afilado(a) sharp *(razor, knife)*
afta *f* thrush
agencia *f* agency
agencia de seguros insurance company
agencia de viajes travel agency
agenda *f* diary ; personal organizer
agente *m/f* agent
agente de policía policeman/woman
agitar to shake *(bottle)*
agosto *m* August
agotado(a) sold out ; out of stock
agradable pleasant
agradecer to thank
agridulce sweet and sour
agua *f* water
agua caliente/fría hot/cold water
agua destilada distilled water
agua dulce fresh water
agua mineral mineral water
agua potable drinking water
agua salada salt water
agudo(a) sharp ; pointed
águila *f* eagle
aguja *f* needle ; hand *(on watch)*
aguja hipodérmica hypodermic needle
agujero *m* hole
ahogarse to drown
ahora now
ahorrar to save *(money)*
ahumado(a) smoked
aire *m* air
al aire libre open-air ; outdoor
aire acondicionado air-conditioning
ajo *m* garlic
ala *f* wing
alargador *m* extension lead
alarma *f* alarm
albahaca *f* basil
albarán *m* delivery note
albaricoque *m* apricot
albergue *m* hostel
albergue juvenil youth hostel
alcanzar to reach ; to get
alcohol *m* alcohol ; spirits
alcohólico(a) alcoholic
alemán/alemana German

Alemania *f* Germany
alergia *f* allergy
alergia al polen hay fever
alérgico(a) a allergic to
aletas *fpl* flippers
alfarería *f* pottery
alfiler *m* pin
alfombra *f* carpet ; rug
alforjas *fpl* panniers *(for bike)*
algas *fpl* seaweed
algo something
algodón *m* cotton
algodón hidrófilo cotton wool
alguien someone
alguno(a) some ; any
algunos(as) some ; a few
alicates *mpl* pliers
alimentación *f* grocer's ; food
alimento *m* food
aliño *m* dressing *(for food)*
allí there *(over there)*
almacén *m* store ; warehouse
grandes almacenes department stores
almendra *f* almond
almohada *f* pillow
almuerzo *m* lunch
alojamiento *m* accommodation
alojamiento y desayuno bed and breakfast
alpargatas *fpl* espadrilles
alquilar to rent ; to hire
se alquila for hire
alquiler *m* rent ; rental
alquiler de coches car hire
alrededor about ; around
alto(a) high ; tall
alta tensión high voltage
altura *f* altitude ; height
alubia *f* bean
alubias blancas butter beans
alubias pintas red kidney beans
amable pleasant ; kind
amapola *f* poppy
amargo(a) bitter ; sour
amarillo(a) yellow ; amber *(traffic light)*
ambientador *m* air freshener
ambos(as) both
ambulancia *f* ambulance
ambulatorio *m* health centre
América del Norte *f* North America
amigo(a) *m/f* friend
amigo(a) por correspondencia penfriend
amor *m* love
amortiguador *m* shock absorber
ampolla *f* blister
analgésico *m* painkiller
análisis *m* analysis
análisis de sangre blood test
ananá(s) *m* pineapple

A

ancho *m* width
ancho(a) wide
anchoa *f* anchovy *(salted)*
anchura *f* width
ancla *f* anchor
Andalucía *f* Andalusia
andaluz(a) Andalusian
andar to walk
andén *m* platform
añejo(a) mature ; vintage
anestesia *f* anaesthetic
anestesia local local anaesthetic
anestesia general general anaesthetic
anfiteatro *m* circle *(theatre)*
angina (de pecho) *f* angina
anillo *m* ring
animal *m* animal
animal doméstico pet
anís *m* aniseed liqueur ; anisette
aniversario *m* anniversary
aniversario de boda wedding anniversary
año *m* year
Año Nuevo New Year
ante *m* suede
antena *f* aerial
antena parabólica satellite dish
anteojos *mpl (LAm)* binoculars
antes (de) before
antiácido *m* antacid
antibiótico *m* antibiotic
anticonceptivo *m* contraceptive
anticongelante *m* antifreeze
anticuario *m* antique shop
antigüedades *fpl* antiques
antiguo(a) old ; ancient
antihistamínico *m* antihistamine
antiséptico *m* antiseptic
anual annual
anular to cancel
anunciar to announce ; to advertise
anuncio *m* advertisement ; notice
anzuelo *m* hook *(fishing)*
apagado(a) off *(light, etc)*
apagar to switch off ; to turn off
aparato *m* appliance
aparcamiento *m* car park
aparcar to park
apartado de Correos *m* P.O. Box
apartamento *m* flat ; apartment
apellido *m* surname
apellido de soltera maiden name
apendicitis *f* appendicitis
aperitivo *m* aperitif *(drink)*; appetizer ; snack *(food)*
apertura *f* opening
apio *m* celery
aplazar to postpone

apostar por to bet on
aprender to learn
apretar to squeeze
apto(a) suitable
aquí here
aquí tiene... here is...
araña *f* spider
árbitro *m* referee
árbol *m* tree
arco iris *m* rainbow
ardor de estómago *m* heartburn
arena *f* sand
armario *m* wardrobe ; cupboard
arquitecto(a) *m/f* architect
arquitectura *f* architecture
arrancar to start
arreglar to fix ; to mend
arriba upstairs ; above
hacia arriba upward(s)
arroyo *m* stream
arroz *m* rice
arruga *f* wrinkle
arte *m* art
artesanía *f* crafts
artesano(a) *m/f* craftsman/woman
articulación *f* joint *(body)*
artículo *m* article
artículos de ocasión bargains
artículos de tocador/baño toiletries
artista *m/f* artist
artritis *f* arthritis
asado(a) roast
asar a la parrilla/brasa to barbecue
ascensor *m* lift
asegurado(a) insured
asegurar to insure
aseos *mpl* toilets
asiento *m* seat
asiento de niños child safety seat
asistencia *f* help ; assistance
asistencia técnica repairs
asma *m* asthma
aspiradora *f* vacuum cleaner
aspirina *f* aspirin
astilla *f* splinter
atacar to attack
atajo *m* short cut
ataque *m* fit *(seizure)*
ataque epiléptico epileptic fit
atascado(a) jammed *(stuck)*
atasco *m* hold-up *(traffic jam)*
atención *f* attention
atención al cliente customer service
aterrizar to land
ático *m* attic ; loft
atracadero *m* mooring
atraco *m* mugging *(person)*
atrás behind
atropellar to knock down *(car)*
ATS *m/f* nurse

atún *m* tuna fish
audífono *m* hearing aid
aumentar to increase
auricular *m* receiver *(phone)*
auriculares *mpl* headphones
auténtico(a) genuine ; real
autostop *m* hitch-hiking
autobús *m* bus
autocar *m* coach *(bus)*
automático(a) automatic
autónomo(a) self-employed
autopista *f* motorway
autor(a) *m/f* author
autoservicio *m* self-service
auxiliar de vuelo *m/f* air steward/stewardess
Av./Avda. *abbrev. for* **avenida**
avalancha *f* avalanche
ave *f* bird
aves de corral poultry
avellana *f* hazelnut
avena *f* oats
avenida *f* avenue
avería *f* breakdown *(car)*
averiado(a) out of order ; broken down
avión *m* airplane ; aeroplane
aviso *m* notice ; warning
avispa *f* wasp
ayer yesterday
ayudar to help
ayuntamiento *m* town/city hall
azafata *f* air hostess ; stewardess
azafrán *m* saffron
azúcar *m* sugar
azúcar glasé icing sugar
azul blue
azul claro light blue
azul marino dark/navy blue
día azul cheap day for train travel
zona azul controlled parking area

B

babero *m* baby's bib
baca *f* roof rack
bahía *f* bay *(along coast)*
bailar to dance
baile *m* dance
bajar to go down(stairs) ; to drop *(temperature)*
bajarse (del) to get off *(bus, etc)*
bajo(a) low ; short ; soft *(sound)*
bajo en calorías low-fat
más bajo lower
balcón *m* balcony
balneario *m* spa
balón *m* ball
baloncesto *m* basketball
balsa salvavidas *f* life raft
bañador *m* swimming costume/trunks
banana *f* banana
bañarse to go swimming ; to bathe ; to have a bath

banca *f* banking ; bank
banco *m* bank ; bench
banda *f* band *(musical)*
bandeja *f* tray
bandera *f* flag
bañista *m/f* bather
baño *m* bath ; bathroom
con baño with bath
bar *m* bar
barato(a) cheap
barba *f* beard
barbacoa *f* barbecue
barbería *f* barber's
barbilla *f* chin
barca *f* small boat
barco *m* ship ; boat
barco de vela sailing boat
barra *f* bar ; counter ; bread stick
barra de labios lipstick
barra de pan French bread
barreño (de plástico) *m* washing-up bowl
barrera *f* barrier ; crash barrier
barrio *m* district ; suburb
barrio chino red light district
barro *m* mud
bastante enough ; quite
bastón *m* walking stick
bastón de esquí ski pole/stick
basura *f* rubbish ; litter
bata *f* dressing gown
bate *m* bat *(baseball, cricket)*
batería *f* battery *(in car)*
batido *m* milkshake
batidora *f* blender *(hand-held)*
baúl *m* trunk *(luggage)*
bautizo *m* christening
to be ser ; estar
bebé *m* baby
beber to drink
bebida *f* drink
bebida sin alcohol soft drink
beicon *m* bacon
béisbol *m* baseball
berenjena *f* aubergine
berro *m* watercress
berza *f* cabbage
besar to kiss
beso *m* kiss
betún *m* shoe polish
biberón *m* baby's bottle
biblioteca *f* library
bici *f* bicycle
bicicleta *f* bicycle
bicicleta de montaña mountain bike
bien well
bienvenido(a) welcome
bifurcación *f* fork *(in road)*
bigote *m* moustache
billete *m* ticket
billete de ida y vuelta return ticket
billete turístico tourist ticket

billetera *f* wallet
bistec *m* steak
bisutería *f* costume jewellery
blanco(a) white
dejar en blanco leave blank *(on form)*
blando(a) soft
bloc *m* note pad
blusa *f* blouse
boca *f* mouth
bocadillo *m* sandwich *(made with French bread)*
boda *f* wedding
bodega *f* wine cellar ; restaurant
boite *f* night club
bolígrafo *m* biro ; pen
bollo *m* roll ; bun
bolsa *f* bag ; stock exchange
bolsillo *m* pocket
bolsita de té *f* teabag
bolso *m* handbag
bomba *f* pump *(bike, etc)* ; bomb
bombero(a) *mf* fireman/woman, firefighter
bomberos *mpl* fire brigade
bombilla *f* light bulb
bombona de gas *f* gas cylinder
bombonería *f* confectioner's
bombones *mpl* chocolates
bonito(a) pretty ; nice-looking
bono *m* voucher
bonobús *m* bus pass
borracho(a) drunk
bosque *m* forest ; wood
bota *f* boot
bote *m* boat ; tin ; can
bote neumático rubber dinghy
bote salvavidas lifeboat
botella *f* bottle
botón *m* button
bragas *fpl* knickers
brazo *m* arm
brécol *m* broccoli
bricolaje *m* do-it-yourself ; DIY
brillar to shine
brindis *m* toast *(raising glass)*
británico(a) British
broma *f* joke
bromear to joke
bronceado *m* suntan
bronceado(a) sun-tanned
bronceador *m* suntan lotion
broncearse to tan
bronquitis *f* bronchitis
brújula *f* compass
bucear to dive
bueno(a) good ; fine
¡buenos días! good morning!
¡buenas tardes! good afternoon/evening!
¡buenas noches! good evening/night!
bufanda *f* scarf *(woollen)*

bufé *m* buffet
búho *m* owl
bujía *f* spark plug
bulto *m* lump *(swelling)*
buñuelo *m* fritter ; doughnut
bunyi *m* bungee jumping
buscar to look for
butacas *fpl* stalls *(theatre)*
butano *m* Calor gas®
butifarra *f* Catalan sausage
buzón *m* postbox ; letterbox

C

caballeros *mpl* gents
caballo *m* horse
montar a caballo to go riding
cabello *m* hair
cabeza *f* head
cabina *f* cabin
cabina (telefónica) phone box
cable *m* wire ; cable
cables de arranque jump leads
cable de remolque tow rope
cabra *f* goat
cacahuete *m* peanut
cacao *m* cocoa
cacao para los labios lip salve
cacerola *f* saucepan
cachemira *f* cashmere
cada every ; each
cada día daily *(each day)*
cada uno each (one)
cadera *f* hip
caducado(a) out-of-date
caducar to expire *(ticket, passport)*
caer(se) to fall
café *m* café ; coffee
(café) cortado espresso with a dash of milk
corto de café milky coffee
(café) descafeinado decaff coffee
(café) exprés/expreso espresso coffee
café en grano coffee beans
café con hielo iced coffee
café con leche white coffee
café instantáneo instant coffee
café molido ground coffee
café solo black coffee
cafetera *f* cafetiere
cafetería *f* snack bar ; café
caja *f* cashdesk ; box
caja de ahorros savings bank
caja de cambios gearbox
caja de fusibles fuse box
caja fuerte safe
cajero(a) *m/f* teller ; cashier
cajero automático cash dispenser ; auto-teller
cajón *m* drawer
calabacín *m* courgette

C

calabaza *f* pumpkin
calamares *mpl* squid
calambre *m* cramp
calcetines *mpl* socks
calculadora *f* calculator
caldereta *f* stew *(fish, lamb)*
caldo *m* stock ; consommé
calefacción *f* heating
calendario *m* calendar
calentador *m* heater
calentador de agua water heater
calentar to heat up *(milk, etc)*
calentura *f* cold sore
calidad *f* quality
caliente hot
calle *f* street ; fairway *(golf)*
callejón sin salida *m* cul-de-sac
calmante *m* painkiller
calvo(a) bald
calzada *f* roadway
calzada deteriorada uneven road surface
calzado *m* footwear
calzados shoe shop
calzoncillos *mpl* underpants
cama *f* bed
dos camas twin beds
cama individual single bed
cama de matrimonio double bed
cámara *f* camera ; inner tube
camarera *f* waitress ; chambermaid
camarero *m* barman ; waiter
camarote *m* cabin
cambiar to change ; to exchange
cambiarse to get changed
cambio *m* change ; exchange ; gear
caminar to walk
camino *m* path ; road ; route
camino particular private road
camión *m* lorry
camisa *f* shirt
camisería *f* shirt shop
camiseta *f* t-shirt ; vest
camisón *m* nightdress
campana *f* bell
camping *m* campsite
campo *m* countryside ; field ; pitch
campo de fútbol football pitch
campo de golf golf course
caña *f* cane ; rod
caña (de cerveza) glass of beer
caña de pescar fishing rod
Canadá *m* Canada
canadiense Canadian
Canal de la Mancha *m* English Channel
canasto *m* large basket
cancelación *f* cancellation
cancelar to cancel
cáncer *m* cancer
cancha de tenis *f* tennis court

canción *f* song
candado *m* padlock
candado de bicicleta bike lock
candela *f* candle ; fire
canela *f* cinnamon
canguro *m* kangaroo
canguro *m/f* babysitter
canoa *f* canoe
cansado(a) tired
cantante *m/f* singer
cantar to sing
cantidad *f* quantity
capilla *f* chapel
capital *f* capital *(city)*
capitán *m* captain
capó *m* bonnet ; hood *(of car)*
capucha *f* hood *(jacket)*
cara *f* face
caramelo *m* sweet ; caramel
caravana *f* caravan
carbón *m* coal
carbón vegetal charcoal
carburador *m* carburettor
carburante *m* fuel
cárcel *f* prison
cargar to load
cargar en cuenta to charge to account
cargo *m* charge
a cargo del cliente at the customer's expense
Caribe *m* Caribbean
carnaval *m* carnival
carne *f* meat
carne asada roast meat
carne picada mince *(meat)*
carné de conducir *m* driving licence
carné de identidad *m* identity card
carnicería *f* butcher's
caro(a) dear ; expensive
carpintería *f* carpenter's shop
carrera *f* career ; race *(sport)*
carrete *m* film *(for camera)* ; fishing reel
carretera *f* road
carretera de circunvalación ring road
carril *m* lane *(on road)*
carrito *m* trolley
carta *f* letter ; playing card ; menu
carta aérea air mail letter
carta certificada registered letter
carta verde green card
carta de vinos wine list
cartel *m* poster
cartelera *f* entertainments guide
cartera *f* wallet ; briefcase
carterista *m/f* pickpocket
cartero(a) *m/f* postman/woman
cartón *m* cardboard
casa *f* house ; home ; household
casa de socorro first-aid post

casado(a) married
casarse (con) to marry
cascada *f* waterfall
cáscara *f* shell *(egg, nut)*
casco *m* helmet
casero(a) home-made
comida casera home cooking
caseta *f* beach hut ; kennel
casete *m* cassette ; tape recorder
casi almost
caso: *en caso de* in case of
caspa *f* dandruff
castaña *f* chestnut
castañuelas *fpl* castanets
castellano(a) Spanish ; Castilian
castillo *m* castle
catalán/catalana Catalonian
catálogo *m* catalogue
catedral *f* cathedral
católico(a) Catholic
causa *f* cause
a causa de because of
causar to cause
cava *m* cava ; sparkling white wine
caza *f* hunting ; game
cazar to hunt
cebo *m* bait *(for fishing)*
cebolla *f* onion
ceder to give way
ceda el paso give way
celeste light blue
celo *m* Sellotape®
celoso(a) jealous
cementerio *m* cemetery
cena *f* dinner ; supper
cenar to have dinner
cenicero *m* ashtray
centímetro *m* centimetre
centralita *f* switchboard
centro *m* centre
Centroamérica *f* Central America
cepillo *m* brush
cepillo de dientes toothbrush
cepillo de uñas nailbrush
cepillo del pelo hairbrush
cera *f* wax
cerámica *f* ceramics ; pottery
cerca (de) near ; close to
cercanías *fpl* outskirts
tren de cercanías suburban train
cerdo *m* pig ; pork
cereza *f* cherry
cerillas *fpl* matches
cero *m* zero
cerrado(a) closed
cerrado por reforma closed for repairs
cerradura *f* lock
cerrar con llave to lock
cerro *m* hill
certificado *m* certificate
certificado(a) registered
certificar to register

cervecería *f* pub
cerveza *f* beer ; lager
cesta *f* basket
cestería *f* basketwork *(shop)*
chalé *m* villa
chaleco *m* waistcoat
chaleco salvavidas life jacket
champán *m* champagne
champiñón *m* mushroom
champú *m* shampoo
chancletas *fpl* flip flops
chaqueta *f* jacket
charcutería *f* delicatessen
cheque *m* cheque
cheque de viaje traveller's cheque
chica *f* girl
chichón *m* lump *(on head)*
chico *m* boy
chico(a) small
chile *m* chilli
chimenea *f* fireplace ; chimney
chiringuito *m* beach bar ; stall
chocar to crash *(car)*
chocolate *m* chocolate ; hot chocolate
chocolate puro plain chocolate
chocolatería *f* café serving hot chocolate
chófer *m* chauffeur ; driver
chorizo *m* hard pork sausage
chubasco *m* shower *(rain)*
chuleta *f* cutlet ; chop
chupete *m* dummy *(for baby)*
churrería *f* fritter shop or stand
churro *m* fritter
ciclista *m/f* cyclist
ciego(a) blind
cielo *m* sky ; heaven
cien hundred
CIF *m* tax number *(for business)*
cifra *f* number ; figure
cigarra *f* cicada
cigarrillo *m* cigarette
cigarro *m* cigar ; cigarette
cima *f* top ; peak
cine *m* cinema
cinta *f* tape ; ribbon
cinta de vídeo video cassette
cinta virgen blank tape
cintura *f* waist
cinturón *m* belt
cinturón de seguridad safety belt
circulación *f* traffic
circular to drive ; to circulate
circule por la derecha keep right *(road sign)*
ciruela *f* plum
ciruela pasa prune
cirujano(a) *m/f* surgeon
cisterna *f* cistern
cistitis *f* cystitis

cita *f* appointment
ciudad *f* city ; town
ciudadano(a) *m/f* citizen
clarete *m* light red wine
claro(a) light *(colour)* ; clear
clase *f* class ; type ; lesson
clase preferente club/ business class
clase turista economy class
clavícula *f* collar bone
clavija *f* peg
clavo *m* nail *(metal)* ; clove *(spice)*
cliente *m/f* customer ; client
climatizado(a) air-conditioned
clínica *f* clinic ; private hospital
club nocturno *m* night club
cobrador *m* conductor *(train, bus)*
cobrar to charge ; to cash
cobrar demasiado to overcharge
cobro *m* payment
cocer to cook ; to boil
coche *m* car ; coach *(on train)*
coche cama *m* sleeping car
coche comedor *m* dining car
coche restaurante *m* restaurant car
cochecito (de bebé) *m* pram
cocido *m* thick stew
cocido(a) cooked ; boiled
cocina *f* kitchen ; cooker ; cuisine
cocinar to cook
coco *m* coconut
código *m* code
código de barras barcode
código postal post-code
codo *m* elbow
coger to catch ; to get ; to pick up *(phone)*
cola *f* glue ; queue ; tail
colador *m* strainer ; colander
colchón *m* mattress
colega *m/f* colleague
colegio *m* school
colgar to hang up
coliflor *f* cauliflower
colina *f* hill
colisionar to crash
collar *m* necklace
color *m* colour
columna vertebral *f* spine
columpio *m* swing *(for children)*
comedor *m* dining room
comenzar to begin
comer to eat
comercio *m* trade ; business
comestibles *mpl* groceries
comida *f* food ; meal
se sirven comidas meals served
comidas caseras home cooking

comisaría *f* police station
¿cómo? how? ; pardon?
como as ; like ; since
cómodo(a) comfortable
compañero(a) *m/f* colleague ; partner
compañía *f* company
compartimento *m* compartment
completo(a) full ; no vacancies *(sign)*
comportarse to behave
compositor(a) *m/f* composer
compra *f* purchase
compras shopping
comprar to buy
comprender to understand
compresa *f* sanitary towel
comprobar to check
con with
concha *f* sea-shell
concierto *m* concert
concurrido(a) busy ; crowded
concurso *m* competition ; quiz
condón *m* condom
conducir to drive
conductor(a) *m/f* driver
conectar to connect ; to plug in
conejo *m* rabbit
conferencia *f* conference
confirmación *f* confirmation
confirmar to confirm
confitería *f* cake shop
confitura *f* jam
congelado(a) frozen
congelador *m* freezer
conjunto *m* group *(music)*
conmoción cerebral *f* concussion
conocer to know ; to be acquainted with
conseguir to obtain
conserje *m* caretaker
conservar to keep
conservas *fpl* tinned foods
consigna *f* left-luggage office
construir to build
consulado *m* consulate
consultorio *m* doctor's surgery
consumición *f* consumption ; drink
consumir to eat ; to use
consumir antes de... best before...
contacto *m* contact ; ignition *(car)*
contador *m* meter
contagioso(a) infectious
contaminado(a) polluted
contener to hold *(to contain)*
contenido *m* contents
contento(a) pleased
contestador automático *m* answerphone

C

contestar to answer ; to reply
continuación *f* sequel
continuar to continue
contra against
contrato *m* contract
control *m* inspection ; check
convento *m* convent ; monastery
copa *f* glass ; goblet
copa de helado mixed ice cream
tomar una copa to have a drink
copia *f* copy ; print *(photo)*
copiar to copy
corazón *m* heart
corbata *f* tie
corcho *m* cork
cordero *m* lamb ; mutton
cordillera *f* mountain range
coro *m* choir
correa *f* strap ; belt
correa de reloj watchstrap
correcto(a) right *(correct)*
correo *m* mail
correo electrónico e-mail
Correos *m* post office
correr to run
corrida de toros *f* bullfight
corriente *f* power ; current *(electric, water)* ; draught *(of air)*
cortacircuitos *m* circuit breaker
cortado *m* espresso coffee with dash of milk
cortado(a) blocked *(road)*
cortar to cut
corte *m* cut
cortina *f* curtain
corto(a) short
cosa *f* thing
cosecha *f* harvest ; vintage *(wine)*
coser to sew
costa *f* coast
costar to cost
costero(a) coastal
costumbre *f* custom *(tradition)*
coto *m* reserve
coto de caza/pesca hunting/fishing by licence
crédito *m* credit
a crédito on credit
creer to think ; to believe
crema *f* cream
crema de afeitar shaving cream
crema bronceadora suntan lotion
cremallera *f* zip
crisis nerviosa *f* nervous breakdown
cruce *m* junction ; crossroads
crucero *m* cruise
crucigrama *m* crossword puzzle
crudo(a) raw

cruzar to cross
c/u (cada uno) each (one)
cuaderno *m* exercise book
cuadro *m* picture ; painting
a cuadros checked *(pattern)*
cuajada *f* curd
¿cuál? which?
¿cuándo? when?
¿cuánto? how much?
¿cuántos? how many?
cuarentena *f* quarantine
Cuaresma *f* Lent
cuarto *m* room
cuarto de baño bathroom
cuarto de estar living room
cubierto *m* cover charge *(in restaurant)* ; menu
cubierto(a) covered ; indoor
cubiertos *mpl* cutlery
cubo *m* bucket ; pail ; bin
cubrir to cover
cucaracha *f* cockroach
cuchara *f* spoon
cuchara de servir tablespoon
cucharilla *f* teaspoon
cuchillo *m* knife
cuenta *f* bill ; account
cuerda *f* string ; rope
cuero *m* leather
cuerpo *m* body
cuidado *m* care
¡cuidado! look out!
ten cuidado be careful!
cuidadoso(a) careful
cultivar to grow ; to farm
cumpleaños *m* birthday
¡feliz cumpleaños! happy birthday!
cuna *f* cradle ; cot
cuñado(a) *m/f* brother/sister-in-law
curva *f* bend ; curve
curvas peligrosas dangerous bends

D

dados *mpl* dice
daltónico(a) colour-blind
damas *fpl* ladies ; draughts *(game)*
daños *mpl* damage
dar to give
dar de comer to feed
dar marcha atrás to reverse
dar propina to tip *(waiter, etc)*
dar un paseo to go for a walk
dátil *m* date *(fruit)*
datos *mpl* data ; information
DCHA./dcha. *abbrev. for* **derecha**
de of ; from
de acuerdo all right *(agreed)*
debajo (de) under ; underneath

D

deber to owe ; to have to
debido(a) due
decir to tell ; to say
declarar to declare
dedo *m* finger
dedo del pie toe
defecto *m* fault ; defect
degustación *f* tasting *(wine, etc)*
dejar to let ; to leave
dejar libre la salida keep clear
delante de in front of
delegación *f* regional office *(government)*
delgado(a) thin ; slim
delicioso(a) delicious
delito *m* crime
demasiado too much
demasiado hecho(a) overdone
demora *f* delay
denominación de origen *f* guarantee of quality of wine
dentadura postiza *f* dentures
dentífrico *m* toothpaste
dentista *m/f* dentist
dentro (de) inside
departamento *m* compartment ; department
dependiente(a) *m/f* sales assistant
deporte *m* sport
depósito de gasolina *m* petrol tank
derecha *f* right(-hand side)
a la derecha on/to the right
derecho *m* right ; law
derechos de aduana customs duty
derecho(a) right ; straight
derramar to spill
derretir to melt
desabrochar to unfasten
desafilado(a) blunt *(knife, blade)*
desaparecer to disappear
desarrollar to develop
desatascador *m* plunger *(for sink)*
desayuno *m* breakfast
descafeinado(a) decaffeinated
descansar to rest
descanso *m* rest ; interval
descarga electrica *f* electric shock
descargado(a) flat *(battery)*
descolgar to take down ; to pick up *(phone)*
descongelar to defrost ; to de-ice
describir to describe
descubrir to discover
descuento *m* discount ; reduction
desde since ; from
desear to want
desembarcadero *m* quay
desempleado(a) unemployed

desenchufado(a) off ; disconnected
deseo *m* wish ; desire
desfile *m* parade
deshacer to undo ; to unpack
desinfectante *m* disinfectant
desmaquillador *m* make-up remover
desmayado(a) fainted
desnatado(a) skimmed
desodorante *m* deodorant
despacho *m* office
despacio slowly ; quietly
despegar to take-off
despertador *m* alarm (clock)
despertarse to wake up
después after ; afterward(s)
desteñir: ***no destiñe*** colourfast
destino *m* destination
destornillador *m* screwdriver
destornillar to unscrew
desvestirse to get undressed
desvío *m* detour ; diversion
detalle *m* detail ; nice gesture
al detalle retail *(commercial)*
detener to arrest
detergente *m* detergent ; washing powder
detrás (de) behind
deuda *f* debt
devolver to give/put back
día *m* day
todo el día all day
día festivo public holiday
día laborable working day ; weekday
diabético(a) *m/f* diabetic
diamante *m* diamond
diario(a) daily
diarrea *f* diarrhoea
dibujo *m* drawing
diccionario *m* dictionary
diciembre *m* December
diente *m* tooth
dieta *f* diet
difícil difficult
¿diga? hello *(on phone)*
dinero *m* money
dinero en efectivo cash
Dios *m* God
diplomático(a) *m/f* diplomat
dirección *f* direction ; address
dirección de correo electrónico e-mail address
dirección particular home address
dirección prohibida no entry
dirección única one-way
directo(a) direct *(train, etc)*
director(a) *m/f* director ; manager
dirigir to manage
disco *m* record ; disk
disco duro hard disk
discoteca *f* disco ; nightclub

discrecional optional
discutir to quarrel ; to argue
diseño *m* design ; drawing
disquete *m* diskette
disponible available
distancia *f* distance
distinto(a) different
distribuidor automático *m* vending machine
distrito *m* district
DIU *m* coil *(IUD)*
diversión *f* fun
divertido(a) funny *(amusing)*
divertirse to enjoy oneself
divisa *f* foreign currency
divorciado(a) divorced
doblado(a) folded ; dubbed *(film)*
doblar to fold
doble double
docena *f* dozen
documentos *mpl* documents
dólar *m* dollar
dolor *m* ache ; pain
dolor de cabeza headache
dolor de garganta sore throat
dolor de muelas toothache
dolor de oídos earache
doloroso(a) painful
domicilio *m* home address
domingo *m* Sunday
dominó *m* dominoes
¿dónde? where?
dormir to sleep
dormitorio *m* bedroom
dorso *m* back
véase al dorso please turn over
dosis *f* dose ; dosage
droga *f* drug
ducha *f* shower
ducharse to take a shower
dueño(a) *m/f* owner
dulce sweet
el agua dulce fresh water
dulce *m* dessert ; sweet
durante during
duro(a) hard ; tough

E

echar to pour ; to throw ; to post
ecológico(a) organic ; environmentally friendly
edad *f* age *(of person)*
edad mínima age limit
edificio *m* building
edredón (nórdico) *m* duvet ; quilt
edulcorante *m* sweetener
EE.UU. USA
efecto *m* effect
efectos personales belongings
eje *m* axle *(car)*
ejemplar *m* copy *(of book)*
el the

él he ; him
electricidad *f* electricity
electricista *m/f* electrician
eléctrico(a) electric(al)
elegir to choose
ella she ; her
ello it
ellos(as) they ; them
embajada *f* embassy
embalse *m* reservoir
embarazada pregnant
embarcadero *m* jetty ; pier
embarcarse to board
embarque *m* boarding
embrague *m* clutch *(in car)*
emisión *f* broadcasting
emitido por issued by
emocionante exciting
empachado(a) upset *(stomach)*
empezar to begin
empleo *m* employment ; use
empresa *f* firm ; company
empujar to push
empuje push
en in ; into ; on
encaje *m* lace *(fabric)*
encantado(a) pleased to meet you!
encargado(a) *m/f* person in charge
encargar to order in advance
encendedor *m* (cigarette) lighter
encender to switch on ; to light
encender las luces switch on headlights
encendido(a) on *(light, TV, engine)*
enchufar to plug in
enchufe *m* plug ; point ; socket
encima de onto ; on top of
encontrar to find
encontrarse con to meet *(by chance)*
enero *m* January
enfadado(a) angry
enfermedad *f* disease
enfermera(o) *m/f* nurse
enfermería *f* infirmary ; first-aid post
enfermo(a) ill
enfrente (de) opposite
¡enhorabuena! congratulations!
enjuagar to rinse
enjuague bucal *m* mouthwash
enlace *m* connection *(train, etc)*
ensalada *f* salad
enseñar to show ; to teach
entender to understand
entero(a) whole
entierro *m* funeral
entrada *f* entrance ; admission
entrada libre admission free

entrada por delante enter at the front
entrar to go in ; to get in ; to enter
entre among ; between
entreacto *m* interval
entregar to deliver
entremeses *mpl* hors d'œuvres
entrevista *f* interview
envase *m* container ; packaging
enviar to send
envío *m* shipment
envolver to wrap
epiléptico(a) epileptic
equipaje *m* luggage ; baggage
equipaje de mano hand-luggage
equipo *m* team ; equipment
equitación *f* horseriding
equivocación *f* mistake ; misunderstanding
error *m* mistake
es he/she/it is
escala *f* stopover
escalar to climb *(mountains)*
escalera *f* stairs ; ladder
escalera de incendios fire escape
escalera (de mano) ladder
escalera mecánica escalator
escalón *m* step *(stair)*
escapar to escape
escaparate *m* shop window
escenario *m* stage *(theatre)*
escoba *f* broom *(brush)*
escocés/escocesa Scottish
Escocia *f* Scotland
escoger to choose
esconder to hide
escribir to write
escrito: ***por escrito*** in writing
escuchar to listen to
escuela *f* school
escultura *f* sculpture
escurrir to wring
ese/esa that
esguince *m* sprain
esmalte *m* varnish
esos/esas those
espacio *m* space
espalda *f* back *(of body)*
España *f* Spain
español(a) Spanish
espantoso(a) awful
esparadrapo *m* sticking plaster
especia *f* spice
especialidad *f* speciality
especialista *m/f* specialist
espectáculo *m* entertainment ; show
espectáculo de marionetas puppet show
espejo *m* mirror
espejo retrovisor rear-view mirror

esperar to wait (for) ; to hope
espere su turno please wait your turn
espina *f* fish bone ; thorn
espina dorsal spine
espinacas *fpl* spinach
espinilla *f* spot *(pimple)*
esponja *f* sponge
esposa *f* wife
esposo *m* husband
espuma *f* foam ; mousse *(for hair)*
espuma de afeitar shaving foam
espumoso(a) frothy ; sparkling
esq. *abbrev. for* **esquina**
esquí *m* skiing ; ski
esquí acuático water-skiing
esquí de fondo cross-country skiing
esquiar to ski
esquina *f* street corner
está you *(formal)*/he/she/it is
estación *f* railway station ; season
estación de autobuses bus/coach station
estación de servicio petrol/service station
estacionamiento *m* parking space
estacionar to park
estadio *m* stadium
Estados Unidos *mpl* United States
estanco *m* tobacconist's
estante *m* shelf
estar to be
estatua *f* statue
este *m* east
este/esta this
estéreo *m* stereo
estómago *m* stomach
estornudar to sneeze
estos/estas these
estragón *m* tarragon
estrecho(a) narrow
estrella *f* star
estreñimiento *m* constipation
estreno *m* premiere ; new release
estropeado(a) out of order
estudiante *m/f* student
etiqueta *f* label ; ticket ; tag
de etiqueta formal dress
euro *m* Euro
eurocheque *m* Eurocheque
Europa *f* Europe
evidente obvious
evitar to avoid
examen *m* examination
excelente excellent
excepcional rare *(unique)*
excepto except
exceso *m* excess
excursión *f* tour ; excursion
éxito *m* success

E

expedido(a) issued
experto(a) expert
explicar to explain
exportación *f* export
exportar to export
exposición *f* exhibition
expreso *m* express train
exprimir to squeeze
extintor *m* fire extinguisher
extranjero(a) *m/f* foreigner
en el extranjero abroad

F

FC/f.c. *abbrev. for* **ferrocarril**
fabada *f* pork and bean stew
fábrica *f* factory
fácil easy
factura *f* receipt ; bill ; account
factura detallada itemized bill
facturación *f* check-in
falda *f* skirt
falso(a) fake
falta *f* foul *(football)* ; lack
familia *f* family
famoso(a) famous
farmacia *f* chemist's ; pharmacy
farmacia de guardia duty chemist
faro *m* headlamp ; lighthouse
faro antiniebla fog-lamp
farola *f* lamppost
faros *mpl* headlights
favor *m* favour
por favor please
favorito(a) favourite
fax *m* fax
febrero *m* February
fecha *f* date
fecha de adquisición date of purchase
fecha de caducidad expiry date
fecha de expedición date of issue
fecha de nacimiento date of birth
feliz happy
¡Feliz Año Nuevo! Happy New Year!
femenino(a) feminine
feo(a) ugly
feria *f* trade fair ; funfair
ferrocarril *m* railway
festivos *mpl* public holidays
fiambre *m* cold meat
fianza *f* bail bond ; deposit
fibra sintética *f* man-made fibre
ficha *f* token ; counter *(in games)*
fichero *m* file *(computer)*
fiebre *f* fever
fiesta *f* party ; public holiday
fila *f* row ; line *(row, queue)*
filete *m* fillet ; steak
filial *f* branch

filtro *m* filter
filtro de aceite oil filter
filtro solar sunscreen
fin *m* end
fin de semana weekend
finalizar to end ; to finish
finca *f* farm ; country house
fino fine ; thin
fino *m* light, dry, very pale sherry
firma *f* signature
firmar to sign
firme aquí sign here
flojo(a) weak *(coffee, tea)*
flor *f* flower
florero *m* vase
floristería *f* florist's shop
foca *f* seal
foco *m* spotlight ; headlamp
folleto *m* leaflet ; brochure
fonda *f* inn ; small restaurant
fondo *m* bottom *(of pool, etc)*
fontanero *m* plumber
forfait *m* lift pass *(skiing)*
formulario *m* form
fósforo *m* match
foto *f* picture ; photo
fotocopia *f* photocopy
fotocopiar to photocopy
fotografía *f* photograph
fotógrafo(a) *m/f* photographer
fractura *f* fracture
frágil fragile
francés/francesa French
Francia *f* France
frecuente frequent
fregadero *m* sink *(in kitchen)*
fregona *f* mop *(for floor)*
freír to fry
frenar to brake
freno *m* brake
frente a opposite
frente *f* forehead
fresa *f* strawberry
fresco(a) fresh ; crisp ; cool
frigorífico *m* fridge
frío(a) cold
frito(a) fried
frontera *f* border ; frontier
frotar to rub
fruta *f* fruit
fruta del tiempo fruit in season
frutería *f* fruit shop
frutos secos *mpl* nuts *(to eat)*
fuego *m* fire
fuente *f* fountain
fuera outdoors ; out
fuerte strong ; loud
fuga *f* leak *(of gas, liquid)*
fumadores *mpl* smokers
fumar to smoke
prohibido fumar no smoking
función *f* show
funcionar to work ; to function
no funciona out of order

funcionario(a) *m/f* civil servant

funda *f* case ; crown *(for tooth)* ; pillowcase

funda de gafas glasses case

funda nórdica *f* duvet cover

fusible *m* fuse

fútbol *m* football

futbolista *m/f* football player

G

gafas *fpl* glasses

gafas de sol sunglasses

galería *f* gallery

galería de arte art gallery

galés/galesa Welsh

Gales *m* Wales

gallego(a) Galician

galleta *f* biscuit

ganar to earn ; to win *(sports, etc)*

garaje *m* garage

garantía *f* guarantee

garganta *f* throat

gas *m* gas

gas butano Calor gas®

con gas fizzy

sin gas non-fizzy ; still

gasa *f* gauze ; nappy

gaseosa *f* lemonade

gasoil *m* diesel fuel

gasóleo *m* diesel oil

gasolina *f* petrol

gasolina sin plomo unleaded petrol

gasolina súper 4-star petrol

gasolinera *f* petrol station

gastado(a) worn

gastar to spend *(money)*

gastos *mpl* expenses

gastritis *f* gastritis

gato *m* cat ; jack *(for car)*

gaviota *f* seagull

gemelo(a) *m/f* identical twin

género *m* type ; material

generoso(a) generous

gente *f* people

gerente *m/f* manager/ manageress

ginebra *f* gin

girar to turn around

globo *m* balloon

glorieta *f* roundabout

golfo de Vizcaya *m* Bay of Biscay

goma *f* rubber ; eraser

gomita *f* rubber band

gordo(a) fat

gorra *f* cap *(hat)*

gorro *m* hat

gotera *f* leak

Gótico(a) Gothic

grabar en vídeo to video *(from TV)*

gracias thank you

grada *f* tier

gramo *m* gram(me)

Gran Bretaña *f* Great Britain
grande large ; big ; tall
grandes almacenes *mpl* department store
granja *f* farm
granjero(a) *m/f* farmer
grasiento(a) greasy
gratinado(a) au gratin ; grilled
gratinar to grill
gratis free *(costing nothing)*
grave serious *(accident, etc)*
grifo *m* tap
gripe *f* flu
gris grey
gritar to shout
grosella negra *f* blackcurrant
grosella roja *f* redcurrant
grúa *f* crane ; breakdown van
grueso(a) thick *(not thin)*
grupo *m* group ; band *(rock)*
grupo sanguíneo blood group
guacamole *m* avocado dip
guantes *mpl* gloves
guantes de goma rubber gloves
guapo(a) handsome ; attractive
guardacostas *m/f* coast-guard
guardar to put away ; to keep
guardarropa *m* cloakroom
guardería (infantil) *f* nursery
guardia *f* guard
Guardia Civil Civil Guard
Guardia Nacional National Guard
de guardia on duty
guarnición *f* garnish
guerra *f* war
guía *m/f* courier ; guide
Guía del ocio *f* What's on
guía (telefónica) *f* phone directory
guiar to guide
guindilla *f* chilli pepper
guiso *m* stew ; casserole
guitarra *f* guitar
gusano *m* maggot ; worm
gustar to like ; to enjoy

H

haba *f* broad bean
habano *m* Havana cigar
habitación *f* room
habitación doble double room
habitación individual single room
hablar (con) to speak/talk to
se habla inglés English spoken
hacer to do ; to make
hacer autostop to hitchhike
hacer cola to queue

H

hacer daño to hurt ; to damage
hacer footing to jog
hacer las maletas to pack (*case*)
hacer punto to knit
hacer surf to surf
hacer topless to go topless
hacer transbordo de to change (*bus/train*)
hacer turismo to sightsee

hacia toward(s)
hacia adelante forwards
hacia atrás backwards

hamburguesa *f* hamburger

harina *f* flour

hasta until ; till

hay there is/there are

hecho(a) finished ; done
hecho a mano handmade
hecho(a) de... made of...

helada *f* frost

heladería *f* ice-cream parlour

helado *m* ice cream

helicóptero *m* helicopter

hemorragia *f* haemorrhage

hemorroides *fpl* haemorrhoids

hepatitis *f* hepatitis

herida *f* wound ; injury

herido(a) injured

herir to hurt

hermano(a) *m/f* brother/sister

hermoso(a) beautiful

hernia *f* hernia

herramienta *f* tool

hervido(a) boiled

hervidor de agua *m* kettle

hervir to boil

hidrofoil *m* hydrofoil

hidropedal *m* pedal boat/pedalo

hielo *m* ice
con hielo with ice

hierba *f* grass ; herb

hierbabuena *f* mint

hierro *m* iron
hierro forjado wrought iron

hígado *m* liver

higo *m* fig
higos chumbos prickly pears

hijo(a) *m/f* son/daughter

hilo *m* thread ; linen

hincha *m/f* fan (*football, etc*)

hinchado(a) swollen

hipermercado *m* hypermarket

hipermétrope long sighted

hípica *f* showjumping

hipódromo *m* racecourse (*horses*)

histórico(a) historic

hogar *m* home ; household

hoja *f* sheet ; leaf
hoja de registro registration form
hoja de afeitar razor blade

hola hello ; hi!

hombre *m* man

hombro *m* shoulder

hora *f* hour ; appointment
hora punta rush hour
horas de visita visiting hours

horario *m* timetable

horchata de chufa *f* refreshing tiger nut drink

hormiga *f* ant

horno *m* oven
(horno) microondas microwave
al horno baked ; roasted

horquilla *f* hairgrip

hospital *m* hospital

hostal *m* small hotel ; hostel

hotel *m* hotel

hoy today

huelga *f* strike *(of workers)*

hueso *m* bone

huésped(a) *m/f* guest

huevo *m* egg
huevos de corral free-range eggs
huevo de Pascua Easter egg
huevos duros hard-boiled eggs
huevos escalfados poached eggs
huevos al plato baked eggs
huevos revueltos scrambled eggs

humo *m* smoke

I

ida *f* outward journey
de ida y vuelta return *(ticket)*

idioma *m* language

iglesia *f* church

igual equal

imán *m* magnet

impar odd *(number)*

imperdible *m* safety pin

impermeable *m* raincoat ; waterproof

importante important

importar to matter ; to import

importe total *m* total *(amount)*

imprescindible essential

impreso *m* form
impreso de solicitud application form
impresos printed matter

impuesto *m* tax

incendio *m* fire

incluido(a) included

incómodo(a) uncomfortable

inconsciente unconscious

indicaciones *fpl* directions

índice *m* index

indigestión *f* indigestion

individual individual ; single

infarto *m* heart attack

infección *f* infection

inferior inferior ; lower

inflamación *f* inflammation
información *f* information
informe *m* report *(medical, police)*
infracción *f* offence
infracción de tráfico traffic offence
ingeniero(a) *m/f* engineer
Inglaterra *f* England
inglés/inglesa English
ingredientes *mpl* ingredients
inhalador *m* inhaler *(for medication)*
inmediatamente immediately
inmunización *f* immunisation
inquilino(a) *m/f* tenant
insecto *m* insect
insolación *f* sunstroke
instituto *m* institute ; secondary school
instrucciones *fpl* directions ; instructions
instructor(a) *m/f* instructor
instrumento *m* tool
insulina *f* insulin
interesante interesting
interior inside
intermitente *m* indicator *(in car)*
internacional international
Internet *m or f* internet
intérprete *m/f* interpreter
interruptor *m* switch
intoxicación por alimentos *f* food poisoning
introducir to introduce ; to insert
introduzca monedas insert coins
inundación *f* flood
invierno *m* winter
invitación *f* invitation
invitado(a) *m/f* guest
invitar to invite
inyección *f* injection
ir to go
ir a buscar to fetch
ir de compras/tiendas to go shopping
ir en bicicleta to cycle
irse a casa to go home
irse de to leave *(a place)*
Irlanda *f* Ireland
Irlanda del Norte *f* Northern Ireland
irlandés/irlandesa Irish
isla *f* island
Italia *f* Italy
italiano(a) Italian
itinerario *m* route ; schedule
IVA *m* VAT
IZQ./IZQDA./izq./izqda. *abbrev. for* **izquierda**
izquierda *f* left
izquierdo(a) left

J

jabón *m* soap
jamás never
jamón *m* ham
jamón serrano cured ham
jamón de York cooked ham
Japón *m* Japan
japonés/japonesa *m/f* Japanese
jaqueca *f* migraine
jardín *m* garden
jarra *f* jug ; mug
jefe(a) *m/f* chief ; head ; boss
jerez *m* sherry
jerga *f* slang
jeringuilla *f* syringe
joven young
joya *f* jewel
joyas jewellery
joyería *f* jeweller's
jubilado(a) *m/f* retired person
jubilarse to retire
judías *fpl* beans
judío(a) Jew
juego *m* game
jueves *m* Thursday
juez(a) *m/f* judge
jugador(a) *m/f* player
jugar to play ; to gamble
julio *m* July
jugo *m* juice
juguete *m* toy
juguetería *f* toy shop
junio *m* June
junto(a) together
junto a next to
juventud *f* youth

K

kilo *m* kilo(gram)
kilometraje *m* mileage
kilometraje ilimitado unlimited mileage
kilómetro *m* kilometre
kiosko (de prensa) *m* newsstand
kiwi *m* kiwi fruit

L

la the ; her ; it ; you *(formal)*
labio *m* lip
laborable working *(day)*
laborables weekdays
laca *f* hair spray
lado *m* side
al lado de beside
ladrar to bark
ladrillo *m* brick
ladrón(ona) *m/f* thief
lago *m* lake
lámpara *f* lamp
lana *f* wool
lancha *f* launch
lancha motora motor launch

lápiz *m* pencil
lápiz de ojos eyeliner
largo(a) long
largo recorrido long-distance *(train, etc)*
lata *f* can *(container)* ; tin
latón *m* brass
lavable washable
lavabo *m* lavatory ; washbasin
lavado de coches *m* car wash
lavado(a) washed
lavado en seco dry-cleaning
lavado y marcado shampoo and set
lavadora *f* washing machine
lavanda *f* lavender
lavandería *f* laundry ; launderette
lavavajillas *m* dishwasher
lavar to wash
lavarse to wash oneself
laxante *m* laxative
leche *f* milk
leche de soja soya milk
leche de vaca cow's milk
leche desnatada skimmed milk
leche entera wholemilk
leche hidratante moisturizer
leche semidesnatada semi-skimmed milk
lechuga *f* lettuce
lector de CD *m* CD player
lectura de labios *f* lip-reading
leer to read
legumbres *fpl* pulses
lejía *f* bleach
lejos far
lencería *f* lingerie
lengua *f* language ; tongue
lente *f* lens
lentes de contacto contact lenses
lentejas *fpl* lentils
lentillas *fpl* contact lenses
lento(a) slow
león *m* lion
lesbiana *f* lesbian
letra *f* letter *(of alphabet)*
levantar to lift
levantarse to get up ; to rise
ley *f* law
libra *f* pound *(currency, weight)*
libra esterlina pound sterling
libre free/vacant
libre de impuestos tax-free
dejen el paso libre keep clear
librería *f* bookshop
libro *m* book
licencia *f* permit ; licence
licenciarse to graduate
licor *m* liqueur
licores spirits

lidia *f* bullfight
ligero(a) light *(not heavy)*
lima *f* file *(for nails)* ; lime
límite *m* limit ; boundary
límite de velocidad speed limit
limón *m* lemon
limonada *f* lemonade
limpiar to clean
limpieza en seco *f* dry-cleaning
limpio(a) clean
línea *f* line
lino *m* linen
linterna *f* torch ; flashlight
liquidación *f* sales
líquido *m* liquid
líquido de frenos brake fluid
liso(a) plain ; smooth
lista *f* list
lista de correos poste restante
lista de precios price list
listo(a) para comer ready-cooked
listo(a) ready
litera *f* berth ; couchette ; sleeper
litoral *m* coast
litro *m* litre
llaga *f* ulcer *(mouth)*
llamada *f* call
llamada a cobro revertido reverse charge call
llamar to call ; to ring ; to knock *(on door)*
llano(a) flat
llanta *f* tyre
llave *f* key ; tap ; spanner
llave de contacto ignition key
llaves del coche car keys
llave inglesa spanner
llave tarjeta card key
llavero *m* keyring
Lleg. *abbrev. for* **llegadas**
llegada *f* arrival
llegadas (Lleg.) arrivals
llegar to arrive ; to come
llenar to fill ; to fill in
lleno(a) full (up)
lleno, por favor fill it up, please
llevar to bring ; to wear ; to carry
para llevar to take away
llorar to cry *(weep)*
lluvia *f* rain
lobo *m* wolf
local *m* premises ; bar
localidad *f* place
localidades tickets *(theatre)*
loción *f* lotion
loncha *f* slice *(ham, etc)*
Londres *m* London
longitud *f* length
lotería *f* lottery
luces *fpl* lights
luchar to fight

L

lugar *m* place
lugar de nacimiento place of birth
lugar de expedición issued in
lugar fresco cool place
lujo *m* luxury
luna *f* moon
luna de miel honeymoon
lunes *m* Monday
lupa *f* magnifying glass
luz *f* light
luz de freno brake light
luz de posición sidelight

M

macedonia *f* fruit salad
madera *f* wood
madrastra *f* stepmother
madre *f* mother
maduro(a) ripe ; mature
maíz *m* maize ; corn
mal/malo(a) bad *(weather, news)*
maleta *f* case ; suitcase
maletero *m* boot *(car)*
Mallorca *f* Majorca
malo(a) bad
mañana tomorrow
mañana *f* morning
mancha *f* stain ; mark
mandar to send
mandar por fax to fax
mandíbula *f* jaw
mando a distancia *m* remote control
manera *f* way ; manner
manga *f* sleeve
manguera *f* hosepipe
manillar *m* handlebars
mano *f* hand
de segunda mano secondhand
manopla *f* mitten
manopla de horno oven glove
manso(a) tame *(animal)*
manta *f* blanket
mantel *m* tablecloth
mantener to maintain ; to keep
mantequería *f* dairy products
mantequilla *f* butter
mantequilla de cacahuete peanut butter
mantita *f* picnic rug
manzana *f* apple ; block *(of houses)*
manzanilla *f* camomile tea ; dry sherry
mapa *m* map
mapa de carreteras road map
maquillaje *m* make-up
máquina *f* machine
máquina de afeitar razor
máquina de fotos camera
mar *m* sea
marca *f* brand ; make
marcapasos *m* pacemaker

marcar to dial
marcar un gol to score a goal
marcha *f* gear
marcha atrás reverse gear
marco *m* picture frame
marea *f* tide
marea alta/baja high/low tide
mareado(a) sick *(car, sea)* ; dizzy
margarina *f* margarine
marido *m* husband
marioneta *f* puppet
mariposa *f* butterfly
marisco(s) *m(pl)* seafood ; shellfish
marisquería *f* seafood restaurant
mármol *m* marble
marrón brown
marroquí Moroccan
marroquinería *f* leather goods
martes *m* Tuesday
martillo *m* hammer
marzo *m* March
más more ; plus
más que more than
más tarde later
masa *f* pastry *(dough)*
masculino(a) male
matar to kill
matrícula *f* car number plate
matrimonio *m* marriage
máximo *m* maximum
mayo *m* May
mayonesa *f* mayonnaise
mayor bigger ; biggest
la mayor parte de most of
mayor que bigger than
mayores de 18 años over-18s
mayúscula *f* capital letter
mazapán *m* marzipan
mazo *m* mallet
mecánico *m* mechanic
mechero *m* lighter
medianoche *f* midnight
medias *fpl* tights ; stockings
medicina *f* medicine ; drug
médico(a) *m/f* doctor
medida *f* measurement ; size
medio *m* the middle
medio(a) half
medio(a) half
media hora half an hour
media pensión half board
medio hecho(a) medium rare
mediodía:*las doce del mediodía* midday ; noon
medir to measure
Mediterráneo *m* Mediterranean
medusa *f* jellyfish
mejicano(a) *m/f* Mexican
Méjico *m* Mexico
mejilla *f* cheek
mejor best ; better
mejor que better than

M

SPANISH–ENGLISH

M

mejorana *f* marjoram
melocotón *m* peach
melón *m* melon
menaje *m* kitchen utensils
menaje de hogar household goods
mendigo(a) *m/f* beggar
menestra *f* vegetable stew
meningitis *f* meningitis
menor smaller/smallest ; least
Menorca *f* Minorca
menos minus ; less ; except
menos que less than
mensaje *m* message
mensual monthly
menta *f* mint ; peppermint
mentira *f* lie *(untruth)*
menú *m* menu
menú del día set menu
mercado *m* market
mercancías *fpl* goods
mercería *f* haberdasher's
merendero *m* open-air snack bar ; picnic area
merienda *f* afternoon snack ; picnic
mermelada *f* jam
mermelada de naranja orange marmalade
mes *m* month
mesa *f* table
mesón *m* traditional restaurant
metal *m* metal
metro *m* metre ; underground ; tape measure
México *m* Mexico
mezclar to mix
mi my
mí me
miel *f* honey
mientras while
miércoles *m* Wednesday
miga *f* crumb
migraña *f* migraine
mil thousand
mil millones billion
milímetro *m* millimetre
millón *m* million
mínimo *m* minimum
minusválido(a) *m/f* disabled person
minuto *m* minute
miope short-sighted
mirar to look at ; to watch
misa *f* mass *(in church)*
mismo(a) same
mitad *f* half
mixto(a) mixed
mochila *f* backpack ; rucksack
mochila portabebés baby sling
moda *f* fashion
moderno(a) modern
modo *m* way ; manner
modo de empleo instructions for use
mojado(a) wet
mole *m* black chilli sauce

molestar to disturb
molestia *f* nuisance ; discomfort
molido(a) ground *(coffee beans, etc)*
molino *m* mill
molino de viento windmill
monasterio *m* monastery
moneda *f* currency ; coin
introduzca monedas insert coins
monedero *m* purse
monitor(a) de esquí *m/f* ski instructor
montaña *f* mountain
montañismo *m* mountaineering
montar to ride
montar a caballo to horse ride
montilla *m* a sherry-type wine
monumento *m* monument
moqueta *f* fitted carpet
mora *f* mulberry ; blackberry
morado(a) purple
mordedura *f* bite
morder to bite
moratón *m* bruise
morir to die
mosca *f* fly
mosquitera *f* mosquito net
mostrador *m* counter ; desk
mostrar to show
moto *f* (motor)bike ; moped
moto acuática jet ski
motocicleta *f* motorbike
motor *m* engine ; motor
mozo *m* luggage porter
mucho a lot ; much
mucho(a) a lot (of) ; much
muchos(as) many
muela *f* tooth
muelle *m* quay ; pier
muerto(a) dead
muestra *f* exhibition ; sample
mujer *f* woman ; wife
multa *f* fine *(to be paid)*
mundo *m* world
muñeca *f* wrist ; doll
muro *m* wall
músculo *m* muscle
museo *m* museum ; art gallery
música *f* music
muy very
muy hecho(a) well done *(steak)*

N

nacer to be born
nacimiento *m* birth
nación *f* nation
nacional national ; domestic *(flight)*
nacionalidad *f* nationality
nada nothing
de nada don't mention it
nada más nothing else
nadador(a) *m/f* swimmer

N

nadar to swim
nadie nobody
naipes *mpl* playing cards
naranja *f* orange
naranjada *f* orangeade
nariz *f* nose
nata *f* cream
nata agria soured cream
nata batida/montada whipped cream
nata líquida single cream
natación *f* swimming
natural natural ; fresh ; plain
naturista *m/f* naturist
navaja *f* pocketknife ; penknife
Navidad *f* Christmas
neblina *f* mist
necesario(a) necessary
necesitar to need ; to require
nectarina *f* nectarine
negarse to refuse
negativo *m* negative *(photo)*
negocios *mpl* business
negro(a) black
neumático *m* tyre
neumáticos anti-deslizantes snow tyres
nevar to snow
nevera *f* refrigerator
nevera portátil cool-box
nido *m* nest
niebla *f* fog
nieto(a) *m/f* grandson/daughter
nieve *f* snow
niña *f* girl ; baby girl
niñera *f* nanny
ningún/ninguno(a) none
niño *m* boy ; baby ; child
niños children *(infants)*
nivel *m* level ; standard
Nº *abbrev. for* **número**
noche *f* night
esta noche tonight
Nochebuena *f* Christmas Eve
Nochevieja *f* New Year's Eve
nocivo(a) harmful
nombre *m* name
nombre de pila first name
norte *m* north
Norteamérica *f* America ; USA
norteamericano(a) American
nosotros(as) we
notaría *f* solicitor's office
notario(a) *m/f* notary ; solicitor
noticias *fpl* news
novela *f* novel
novia *f* girlfriend ; fiancée ; bride
noviembre *m* November
novio *m* boyfriend ; fiancé ; bridegroom
nube *f* cloud

nublado(a) cloudy
nudo *m* knot
nuestro(a) our ; ours
Nueva Zelanda *f* New Zealand
nuevo(a) new
nuez *f* walnut
número *m* number ; size ; issue
número par even *(number)*
nunca never

O

o or
o... o... either... or...
obispo *m* bishop
objetivo *m* lens *(on camera)*
objeto *m* object
objetos de valor valuables
objetos de regalo gifts
obligatorio(a) compulsory
obra *f* work ; play *(theatre)*
obra maestra masterpiece
obras road works
observar to watch
obstruido(a) blocked *(pipe)*
obtener to get *(to obtain)*
océano *m* ocean
ocio *m* spare time
octubre *m* October
ocupado engaged
oeste *m* west
oferta *f* special offer
oficina *f* office
oficina de correos Post Office
oficio *m* church service ; profession
ofrecer to offer
oído *m* ear
oír to hear
ojo *m* eye
¡ojo! look out!
ola *f* wave *(on sea)*
olivo *m* olive tree
olor *m* smell
oloroso *m* cream sherry
olvidar to forget
onda *f* wave
ópera *f* opera
operación *f* operation
operador(a) *m/f* operator
oportunidades *fpl* bargains
orden *f* command
orden *m* order
ordenador *m* computer
ordenador portátil laptop
oreja *f* ear
organizar to arrange ; to organize
orilla *f* shore
orina *f* urine
oro *m* gold
oscuro(a) dark ; dim
oso *m* bear *(animal)*
ostra *f* oyster

otoño *m* autumn ; fall
otro(a) other ; another
otra vez again
oxígeno *m* oxygen

P

paciente *m/f* patient *(in hospital)*
padrastro *m* stepfather
padre *m* father
padres parents
paella *f* paella *(rice dish)*
pagado(a) paid
pagar to pay for ; to pay
pagar al contado to pay cash
pagar por separado to pay separately
pagaré *m* IOU
página *f* page
página web website
páginas amarillas Yellow Pages
pago *m* payment
pago por adelantado payment in advance
pague en caja please pay at cash desk
país *m* country
paisaje *m* landscape ; countryside
pájaro *m* bird
pajita *f* straw *(for drinking)*
palabra *f* word
palacio *m* palace
palco *m* box *(in theatre)*
pálido(a) pale
palillo *m* toothpick
palo *m* stick ; mast
palo de golf golf club
paloma *f* pigeon ; dove
pan *m* bread ; loaf of bread
pan de centeno rye bread
pan integral wholemeal bread
pan de molde sliced bread
pan tostado toast
panadería *f* bakery
pañal *m* nappy
panecillo *m* bread roll
paño *m* flannel ; cloth
pantalla *f* screen
pantalones *mpl* trousers
pantalones cortos shorts
pantys *mpl* tights
pañuelo *m* handkerchief ; scarf
pañuelo de papel tissue
papa *m* pope
papel *m* paper
papel higiénico toilet paper
papeles del coche log book *(car)*
papelería *f* stationer's
paquete *m* packet ; parcel
par even *(number)*
par *m* pair
para for ; towards
parabrisas *m* windscreen

parachoques *m* bumper *(car)*
parada *f* stop
parado(a) unemployed
parador *m* state-run hotel
parafina *f* paraffin
paraguas *m* umbrella
parar to stop
parecido(a) a similar to
pared *f* wall *(inside)*
pareja *f* couple *(2 people)*
parque *m* park
parque de atracciones funfair
parque nacional national park
parquímetro *m* parking meter
parrilla *f* grill ; barbecue
a la parrilla grilled
particular private
partida *f* game ; departure
partida de nacimiento birth certificate
partido *m* match *(sport)* ; party *(political)*
partir to depart
pasa *f* raisin ; currant
pasado(a) stale *(bread)* ; rotten
pasaje *m* ticket ; fare ; alleyway
pasajero(a) *m/f* passenger
pasaporte *m* passport
pasar to happen
pasatiempo *m* hobby ; pastime
Pascua *f* Easter
Pascua de Navidad Christmas
¡Felices Pascuas! Merry Christmas!
paseo *m* walk ; avenue ; promenade
Paseo Colón Columbus Avenue
pasillo *m* corridor ; aisle
paso *m* step ; pace
paso de ganado cattle crossing
paso inferior subway
paso a nivel level crossing
paso de peatones pedestrian crossing
paso subterráneo subway
pasta *f* pastry ; pasta
pasta de dientes toothpaste
pastel *m* cake ; pie
pasteles pastries
pastelería *f* cakes and pastries ; cake shop
pastilla *f* tablet ; pill
pastilla de jabón bar of soap
pastor(a) *m/f* shepherd ; minister
patata *f* potato
patatas fritas french fries ; crisps
patinaje *m* skating
patinar to skate
patines *mpl* skates
patines en línea rollerblades

pato *m* duck
pavo *m* turkey
paz *f* peace
p. ej. *abbrev. for* **por ejemplo**
peaje *m* toll
peatón/peatona *m/f* pedestrian
peces *mpl* fish
pecho *m* chest ; breast
pechuga *f* breast *(poultry)*
pedir to ask for ; to order
pedir prestado to borrow
pegamento *m* gum ; glue
pegar to stick (on) ; to hit
peine *m* comb
pelar to peel *(fruit)*
película *f* film
peligro *m* danger
peligro de incendio fire hazard
peligroso(a) dangerous
pelo *m* hair
pelota *f* ball
pelota vasca Basque ball game
pelota de golf golf ball
pelota de tenis tennis ball
peluca *f* wig
peluquería *f* hairdresser's
pendientes *mpl* earrings
pene *m* penis
penicilina *f* penicillin
pensar to think
pensión *f* guesthouse
pensión completa full board
media pensión half board
pensionista *m/f* senior citizen
peor worse ; worst
pequeño(a) little ; small ; tiny
pera *f* pear
percha *f* coat hanger
perder to lose ; to miss *(train, etc)*
perdido(a) missing *(lost)*
perdiz *f* partridge
perdón *m* pardon ; sorry
perdonar to forgive
perejil *m* parsley
perezoso(a) lazy
perfecto(a) perfect
perforar: ***no perforar*** do not pierce
perfumería *f* perfume shop
periódico *m* newspaper
periodista *m/f* journalist
perla *f* pearl
permiso *m* permission ; pass ; permit ; licence
permiso de caza hunting permit
permiso de residencia residence permit
permiso de trabajo work permit
permitido(a) permitted ; allowed
permitir to allow ; to let

pero but
perro *m* dog
persiana *f* blind *(for window)*
persona *f* person
personal *m* staff
pesado(a) heavy ; boring
pesar to weigh
pesca *f* fishing
pescadería *f* fishmonger's
pescado *m* fish
pescador(a) *m/f* fisherman/woman
pescar to fish
peso *m* weight ; scales
petirrojo *m* robin
pez *m* fish
picado(a) chopped ; minced ; rough *(sea)* ; stung *(by insect)*
picadura *f* insect bite ; sting
picante peppery ; hot ; spicy
picar to itch ; to sting
pie *m* foot
piedra *f* stone
piel *f* fur ; skin ; leather
pierna *f* leg
pieza *f* part ; room
piezas del coche car parts
pijama *m* pyjamas
pila *f* battery *(radio, etc)*
píldora *f* pill
pileta *f* sink ; *(LAm)* wash-basin
pimienta *f* pepper *(spice)*
a la pimienta au poivre
pimiento *m* pepper *(vegetable)*
piña *f* pineapple
pinacoteca *f* art gallery
pinchar to have a puncture
pinchazo *m* puncture
pinchos *mpl* savoury titbits
pinchos morunos kebabs
pintar to paint
pintura *f* paint ; painting
pinza *f* clothes peg
pinzas tweezers
pipa *f* pipe *(smoker's)*
pipirrana *f* salad with tomato, pepper, onion, egg and fish
Pirineos *mpl* Pyrenees
piruleta *f* lollipop
pisar to step on ; to tread on
no pisar el césped keep off grass
piscina *f* swimming pool
piso *m* floor ; storey ; flat
piso deslizante slippery road
pista *f* track ; court
pistacho *m* pistachio
pisto *m* sautéed vegetables
pistola *f* gun
placa *f* licence plate
plancha *f* iron *(for clothes)*
a la plancha grilled
planchar to iron
plano *m* plan ; town map

P

planta *f* plant ; floor ; sole *(of foot)*
planta baja ground floor
plata *f* silver ; *(LAm)* money
plátano *m* banana ; plane tree
platea *f* stalls *(theatre)*
platería *f* jeweller's
platillo *m* saucer
platinos *mpl* points *(in car)*
plato *m* plate ; dish *(food)* ; course
plato del día dish of the day
plato principal main course
playa *f* beach ; seaside
plaza *f* square *(in town)*
plaza de toros bull ring
plazas libres vacancies
plazo *m* period ; expiry date
plomo *m* lead *(metal)*
pluma *f* feather
pobre poor
poco(a) little
poco hecho(a) rare *(steak)*
un poco de a bit of
pocos(as) (a) few
poder to be able
podólogo(a) *m/f* chiropodist
podrido(a) rotten *(fruit, etc)*
policía *f* police
Policía Municipal local police
policía *m/f* policeman/woman
polideportivo *m* leisure centre
póliza *f* policy ; certificate
póliza de seguros insurance policy
pollería *f* poultry shop
pollo *m* chicken
polo *m* ice lolly
poltrona *f* armchair
polvo *m* powder ; dust
polvos de talco talcum powder
pomada *f* ointment
pomelo *m* grapefruit
ponche *m* punch
poner to put
poner en marcha to start *(car)*
ponerse en contacto to contact
por by ; per ; through ; about
por adelantado in advance
por correo by mail
por ejemplo for example
por favor please
porción *f* portion
porque because
portaequipajes *m* luggage rack
portero *m* caretaker ; doorman
portugués/portguesa Portuguese
posible possible
posología *f* dosage
postal *f* postcard
postigos *mpl* shutters
postre *m* dessert ; pudding

potable drinkable
potaje *m* stew ; thick soup
pote *m* stew
potito *m* baby food
pozo *m* well *(water)*
pozo séptico septic tank
prado *m* meadow
precio *m* price ; cost
precioso(a) lovely
precipicio *m* cliff ; precipice
preciso(a) precise ; necessary
preferir to prefer
prefijo *m* dialling code
pregunta *f* question
preguntar to ask
premio *m* prize
prensa *f* press
preocupado(a) worried
preparado(a) cooked
preparar to prepare ; to cook
presa *f* dam
prescribir to prescribe
presentar to introduce
preservativo *m* condom
presión *f* pressure
presión arterial blood pressure
prestar to lend
primavera *f* spring *(season)*
primer/o(a) first
primeros auxilios first aid
primo(a) *m/f* cousin
princesa *f* princess
principal main
príncipe *m* prince
principiante *m/f* beginner
prioridad (de paso) *f* right of way
prismáticos *mpl* binoculars
privado(a) private
probador *m* changing room
probar to try ; to taste
probarse to try on *(clothes)*
problema *m* problem
procedente de... coming from...
productos *mpl* produce ; products
productos lácteos dairy products
profesión *f* profession ; job
profesor(a) *m/f* teacher
profundo(a) deep
programa *m* programme
programa de ordenador computer program
prohibido(a) prohibited/no...
prohibido bañarse no bathing
prohibido el paso no entry
prometer to promise
prometido(a) engaged *(to be married)*
pronóstico *m* forecast
pronóstico del tiempo weather forecast
pronto soon
pronunciar to pronounce
propiedad *f* property
propietario(a) *m/f* owner

propina *f* tip
propio(a) own
protegido(a) sheltered
provisional temporary
próximo(a) next
público *m* audience
público(a) public
puchero *m* cooking pot ; stew
pueblo *m* village ; country
puente *m* bridge
puerro *m* leek
puerta *f* door ; gate
cierren la puerta close the door
puerta de embarque boarding gate
puerta principal front door
puerto *m* port
puerto de montaña moutain pass
puesta de sol *f* sunset
puesta en marcha *f* starter (*of car*)
puesto que since
pulgar *m* thumb
pulgas *fpl* fleas
pulmón *m* lung
pulpo *m* octopus
pulsera *f* bracelet
punto *m* stitch
punto muerto neutral (*car*)
puntuación *f* score (*of match*)
puré *m* purée
puro *m* cigar
puro(a) pure

Q

que than ; that ; which
¿qué? what? ; which?
¿qué tal? how are you?
quedar to remain ; to be left
quedar bien to fit (*clothes*)
queja *f* complaint
quemado(a) burnt
quemadura *f* burn
quemadura del sol sunburn
quemar to burn
querer to want ; to love
querer decir to mean
querido(a) dear (*on letter*)
queroseno *m* paraffin
queso *m* cheese
¿quién? who?
quincena *f* fortnight
quinientos(as) five hundred
quiosco *m* kiosk
quiste *m* cyst
quitaesmalte *m* nail polish remover
quitamanchas *m* stain remover
quitar to remove
quizá(s) perhaps

R

rabia *f* rabies
ración *f* portion
raciones snacks ; tapas
radiador *m* radiator

radio *f* radio
radio *m* spoke *(wheel)*
radiocasete *m* cassette player
radiografía *f* X-ray
rallador *m* grater
rama *f* branch *(of tree)*
ramo *m* bunch *(of flowers)*
rápido *m* express train
rápido(a) quick ; fast
raqueta *f* racket
rasgar to tear ; to rip
rastrillo *m* rake
rastro *m* flea market
rata *f* rat
ratero *m* pickpocket
rato *m* a while
ratón *m* mouse
razón *f* reason
real royal
rebajas *fpl* sale(s)
recalentar to overheat
recambio *m* spare ; refill
recargar to recharge *(battery, etc)*
recepción *f* reception
recepcionista *m/f* receptionist
receta *f* prescription ; recipe
recibir to receive
recibo *m* receipt
recientemente recently
reclamación *f* claim ; complaint
reclamar to claim
recoger to collect
recogida *f* collection *recogida de equipajes* baggage reclaim
recomendar to recommend
reconocer to recognize
recordar to remember
recorrido *m* journey ; route *de largo recorrido* long-distance
recuerdo *m* souvenir
recuperarse to recover *(from illness)*
red *f* net
redondo(a) round *(shape)*
reducción *f* reduction
reducir to reduce
reembolsar to reimburse ; to refund
reembolso *m* refund
refresco *m* refreshment ; drink
refugio *m* shelter ; moutain hut
regadera *f* watering can
regalo *m* gift ; present
régimen *m* diet
región *f* district ; area ; region
registrarse to register *(at hotel)*
regla *f* period *(menstruation)* ; ruler *(for measuring)*
reina *f* queen
Reino Unido *m* United Kingdom

R

reintegro *m* withdrawal *(from bank account)*
reírse to laugh
rejilla *f* rack *(luggage)*
relámpago *m* lightning
rellenar to fill in
reloj *m* clock ; watch
remar to row *(boat)*
remitente *m/f* sender
remolcar to tow
remolque *m* tow rope ; trailer
RENFE *f* Spanish National Railways
reparación *f* repair
reparar to repair
repetir to repeat
repollo *m* cabbage
representante *m/f* sales rep
repuestos *mpl* spare parts
resaca *f* hangover
resbaladizo(a) slippery
resbalarse to slip
rescatar to rescue
reserva *f* booking(s) ; reservation
reservado(a) reserved
reservar to reserve ; to book
resfriado *m* cold *(illness)*
residente *m/f* resident
resistente a resistant to
resistente al agua waterproof
resistente al horno ovenproof
respirar to breathe
responder to answer ; to reply
responsabilidad *f* responsibility
respuesta *f* answer
restaurante *m* restaurant
resto *m* the rest
retrasado(a) delayed
retraso *m* delay
sin retraso on schedule
retrato *m* portrait
retrovisor exterior *m* wing mirror
reumatismo *m* rheumatism
reunión *f* meeting
revelar to develop *(photos)*
revisar to check
revisión *f* car service ; inspection
revisor(a) *m/f* ticket collector
revista *f* magazine
rey *m* king
rezar to pray
riada *f* flash flood
rico(a) rich *(person)*
rincón *m* corner
riñón *m* kidney
riñonera *f* bumbag
río *m* river
robar to steal

robo *m* robbery ; theft
robot (de concina) *m* food processor
rodaballo *m* turbot
rodeado(a) de surrounded by
rodilla *f* knee
rodillo *m* rolling pin
rojo(a) red
románico(a) Romanesque
romántico(a) romantic
romería *f* procession
romper to break ; to tear
ron *m* rum
roncar to snore
ropa *f* clothes
ropa interior underwear
ropa de cama bedclothes
ropero *m* wardrobe
rosa *f* rose
rosa pink
rosado *m* rosé
roto(a) broken
rotonda *f* roundabout *(traffic)*
rotulador *m* felt-tip pen
rubeola *f* rubella ; German measles
rubio(a) blond ; fair haired
rueda *f* wheel
rueda de repuesto spare tyre
rueda pinchada flat tyre
ruido *m* noise
ruinas *fpl* ruins
ruta *f* route
ruta turística tourist route

S

S.A. *abbrev. for* **Sociedad Anónima**
sábado *m* Saturday
sábana *f* sheet *(bed)*
saber to know *(facts)* ; to know how
sabor *m* taste ; flavour
sacacorchos *m* corkscrew
sacar to take out *(of bag, etc)*
sacarina *f* saccharin
saco *m* sack
saco de dormir sleeping bag
sagrado(a) holy
sal *f* salt
sin sal unsalted
sala *f* hall ; hospital ward
sala de conciertos concert hall
sala de embarque departure lounge
sala de espera waiting room
salado(a) savoury ; salty
salario *m* wage
salchicha *f* sausage
saldo *m* balance *(of account)*
saldos *mpl* sales
salida *f* exit/departure
salida de incendios fire exit
salida del sol sunrise
salir to go out ; to come out
salmón *m* salmon

S

salmón ahumado smoked salmon
salsa *f* gravy ; sauce ; dressing
saltar to jump
salteado(a) sauté ; sautéed
salud *f* health
¡salud! cheers!
salvar to save *(life)*
salvaslip *m* panty liner
salvavidas *m* lifebelt
salvia *f* sage *(herb)*
sandalias *fpl* sandals
sandía *f* watermelon
sangrar to bleed
sangría *f* sangria *(red wine and fruit punch)*
santo(a) saint ; holy ; saint's day
sarampión *m* measles
sarpullido *m* skin rash
sartén *f* frying pan
sastrería *f* tailor's
secado a mano *m* blow-dry
secador (de pelo) *m* hairdryer
secadora *f* dryer *(spin, tumble)*
secar to dry
seco(a) dry ; dried *(fruit, beans)*
secretario(a) *m/f* secretary
seda *f* silk
seda dental dental floss
seguida: *en seguida* straight away
seguido(a) continuous
todo seguido straight on
seguir to continue ; to follow
según according to
segundo *m* second *(time)*
segundo(a) second
de segunda mano secondhand
seguramente probably
seguridad *f* reliability ; safety ; security
seguro *m* insurance
seguro de vida life insurance
seguro del coche car insurance
seguro médico medical insurance
seguro(a) safe ; certain
sello *m* stamp *(postage)*
semáforo *m* traffic lights
semana *f* week
Semana Santa Holy Week ; Easter
semanal weekly
semilla *f* seed ; pip
señal *f* sign ; signal ; road sign
sencillo(a) simple ; single *(ticket)*
señor *m* gentleman
Señor (Sr.) M. ; Sir
señora *f* lady
Señora (Sra.) Mrs ; Ms ; Madam
señorita *f* Miss
Señorita (Srta.)... Miss...
sentarse to sit

SPANISH–ENGLISH

sentir to feel
separado(a) separated
septentrional northern
septiembre *m* September
sequía *f* drought
ser to be
seropositivo(a) HIV positive
serpiente *f* snake
servicio *m* service ; service charge
servicio incluido service included
área de servicios service area
servicios toilets
servicios de urgencia emergency services
servilleta *f* serviette ; napkin
servir to serve
sesión *f* performance ; screening
sesión de noche late night performance
sesión numerada seats bookable in advance
sesión de tarde eve performance
sesos *mpl* brains
seta *f* mushroom
sexo *m* sex ; gender
sí yes
sida *m* AIDS
sidra *f* cider
siempre always
siento: *lo siento* I'm sorry
sierra *f* mountain range ; saw
siga follow
siga adelante carry on
siga recto keep straight on
siglo *m* century
siguiente following ; next
silencio *m* silence
silla *f* chair ; seat
silla de paseo pushchair
silla de ruedas wheelchair
sillón *m* armchair
simpático(a) nice ; kind
sin without
sin plomo unleaded
síntoma *m* symptom
sírvase vd. mismo serve/help yourself
sistema *m* system
sitio *m* place ; space ; position
slip *m* pants ; briefs
sobre on ; upon ; about ; on top of
sobre *m* envelope
sobre acolchado padded envelope
sobrecarga *f* surcharge
sobrecargar to overload
sobredosis *f* overdose
sobrino(a) *m/f* nephew/niece
sobrio(a) sober
sociedad *f* society
Sociedad Anónima Ltd ; plc

S

socio(a) *m/f* member ; partner
socorrista *m/f* lifeguard
¡socorro! help!
soja *f* soya
sol *m* sun ; sunshine
solamente only
soldado *m/f* soldier
solicitar to request
solitario *m* patience *(cardgame)*
solo(a) alone ; lonely
sólo only
solomillo *m* sirloin
soltero(a) *m/f* bachelor/ spinster
soltero(a) single *(unmarried)*
sombra *f* shade ; shadow
sombra de ojos eye shadow
sombrero *m* hat
sombrilla *f* sunshade ; parasol
somnífero *m* sleeping pill
sonido *m* sound
sonreír to smile
sonrisa *f* smile
sopa *f* soup
sordo(a) deaf
sorpresa *f* surprise
sótano *m* basement
soya/soja *f* soya
Sr. *abbrev. for* **señor**
Sra. *abbrev. for* **señora**
Srta. *abbrev. for* **señorita**
stop *m* stop *(sign)*
su his/her/its/their/your
suavizante *m* hair conditioner ; fabric softener
submarinismo *m* scuba diving
subterráneo(a) underground
subtítulo *m* subtitle
sucio(a) dirty
sucursal *f* branch *(of bank, etc)*
sudadera *f* sweatshirt
sudar to sweat
suegro(a) *m/f* mother/ father-in-law
suela *f* sole *(of foot, shoe)*
sueldo *m* wage
suelo *m* soil ; ground ; floor
suelto *m* loose change *(money)*
sueño *m* dream
suerte *f* luck
¡(buena) suerte! good luck!
Suiza *f* Switzerland
suizo(a) Swiss
sujetador *m* bra
superior higher
supermercado *m* supermarket
supositorio *m* suppository
sur *m* south
surfing *m* surfing
surtidor *m* petrol pump
sus his/her/their/your

T

tabaco *m* tobacco ; cigarettes
tabla *f* board
tabla de cortar chopping board
tabla de planchar ironing board
tabla de surf surf board
tablao (flamenco) *m* Flamenco show
tableta *f* tablet ; bar *(chocolate)*
taco *m* stuffed tortilla
tacón *m* heel *(shoe)*
taladradora *f* drill *(tool)*
talco *m* talc
TALGO *m* Intercity express train
talla *f* size
tallarines *mpl* noodles ; tagliatelle
taller *m* garage *(for repairs)*
talón *m* heel ; counterfoil ; stub
talón bancario cheque
talonario *m* cheque book
también as well ; also ; too
tampoco neither
tampones *mpl* tampons
tapa *f* lid
tapas *fpl* appetizers ; snacks
tapón *m* cap *(of bottle etc)*
taquilla *f* ticket office
tarde *f* evening ; afternoon
de la tarde pm
tarde late
tarifa *f* price ; rate
tarifa baja cheap rate
tarifa máxima peak rate
tarjeta *f* card
tarjeta bancaria bank card
tarjeta de crédito credit card
tarjeta de donante donor card
tarjeta de embarque boarding pass
tarjeta de visita business card
tarjeta telefónica phonecard
tarjeta verde green card
tarro *m* jar ; pot
tarta *f* cake ; tart
tasca *f* bar ; cheap restaurant
taxista *m/f* taxi driver
taza *f* cup
tazón *m* bowl *(for soup, etc)*
té *m* tea
teatro *m* theatre
techo *m* ceiling
techo solar sunroof
tejado *m* roof
tela *f* material ; fabric
tela impermeable groundsheet
telaraña *f* web *(spider)*
teleférico *m* cablecar

T

telefonear to phone
telefonista *m/f* telephonist
teléfono *m* phone
(teléfono) móvil mobile (phone)
teléfono público payphone
telegrama *m* telegram
telesilla *m* ski lift ; chairlift
telesquí *m* ski lift
televisión *f* television
televisor *m* television set
télex *m* telex
temperatura *f* temperature
templo *m* temple
temporada *f* season
temporada alta high season
temporal *m* storm
temporizador *m* timer *(on cooker)*
temprano(a) early
tendedero *m* clothes line
tenedor *m* fork *(for eating)*
tener to have
tener miedo de to be afraid of
tener morriña to be homesick
tener que to have to
tener razón to be right
tener suerte to be lucky
tener fiebre to have a temperature
tentempié *m* snack
tequila *m* tequila
tercero(a) third
terciopelo *m* velvet
termo *m* flask *(thermos)*
termómetro *m* thermometer
ternera *f* veal
terraza *f* terrace ; balcony
terremoto *m* earthquake
terreno *m* land
terrorista *m/f* terrorist
testículos *mpl* testicles
tetera *f* teapot
tetina *f* teat *(on baby's bottle)*
ti you *(sing. with friends)*
tía *f* aunt
tiempo *m* time ; weather
tienda *f* store ; shop ; tent
tienda de modas clothes shop
tierra *f* earth
tijeras *fpl* scissors
tijeras de uñas nail scissors
timbre *m* doorbell ; official stamp
tímido(a) shy
timón *m* rudder
tinta *f* ink
tinte *m* dye
tinte de pelo hair dye
tinto *m* red wine
tintorería *f* dry-cleaner's
tío *m* uncle
típico(a) typical

tipo *m* sort
tipo de cambio exchange rate
tique *m* ticket
tirador *m* handle
tirar to throw (away) ; to pull
para tirar disposable
tirita® *f* (sticking) plaster
toalla *f* towel
tobillo *m* ankle
tocar to touch ; to play *(instrument)*
no tocar do not touch
tocino *m* bacon ; fat
todo(a) all
todo everything
todo el mundo everyone
todo incluido all inclusive
tomar to take ; to have *(food/drink)*
tomar el sol to sunbathe
tomate *m* tomato
tomillo *m* thyme
tónica *f* tonic water
tono *m* tone
tono de marcar dialling tone
tonto(a) stupid
toquen: ***no toquen*** do not touch
torcedura *f* sprain
torero *m* bullfighter
tormenta *f* thunderstorm
tornillo *m* screw
toro *m* bull
torre *f* tower
torta *f* cake
tortilla *f* omelette
tos *f* cough
toser to cough
tostada *f* toast
trabajar to work *(person)*
trabajo *m* work
tradicional traditional
traducción *f* translation
traducir to translate
traer to fetch ; to bring
tráfico *m* traffic
tragar to swallow
traje *m* suit ; outfit
traje de baño swimsuit
traje de bucear wetsuit
traje de etiqueta evening dress *(man's)*
traje de noche evening dress *(woman's)*
trampolín *m* diving board
tranquilo(a) calm ; quiet
tranquilizante *m* tranquilliser
transbordador *m* car ferry
transbordo *m* transfer
tranvía *m* tram ; short-distance train
trapo *m* cloth *(for cleaning, etc)*
tras after ; behind
trastorno estomacal *m* stomach upset

tratar con cuidado handle with care
travesía *f* crossing
tren *m* train
triángulo señalizador *m* warning triangle
triste sad
trozo *m* piece
trucha *f* trout
trueno *m* thunder
trufa *f* truffle
tú you *(sing. with friends)*
tu your *(sing. with friends)*
tubería *f* pipe *(drain, etc)*
tubo de escape *m* exhaust pipe
tumbarse to lie down
tumbona *f* deckchair
túnel *m* tunnel
turista *m/f* tourist
turístico(a) tourist
turno *m* turn
espere su turno wait your turn
turrón *m* nougat
TVE *abbrev. for* Televisión Española

U

Vd(s). *abbrev for* **usted(es)**
úlcera *f* ulcer *(stomach)*
últimamente lately
último(a) last
ultracongelador *m* deep freeze
ultramarinos *m* grocery shop
un(a) a/an
uña *f* nail *(finger, toe)*
ungüento *m* ointment
únicamente only
unidad *f* unit
Unión Europea *f* European Union
universidad *f* university
unos(as) some
urgencias *fpl* casualty department
urgente urgent ; express
usar to use
uso *m* use ; custom
uso externo/tópico for external use only
usted you *(polite sing.)*
ustedes you *(polite plural)*
útil useful
utilizar to use
uva *f* grape
uvas verdes/negras green/black grapes
UVI/UCI *f* intensive care unit

V

vaca *f* cow
vacaciones *fpl* holiday
vacaciones de verano summer holidays
vacío(a) empty
vacuna *f* vaccination

vagina *f* vagina
vagón *m* railway carriage
vale OK
vale... it's worth...
vale *m* token ; voucher
válido(a) valid *(ticket, licence, etc)*
valle *m* valley
valor *m* value
válvula *f* valve
vapor *m* steam
al vapor steamed
vaqueros *mpl* jeans
variado(a) assorted ; mixed
varios(as) several
vasco(a) Basque
vaso *m* glass *(for drinking)*
Vd(s). *abbrev. for* **usted(es)**
veces *fpl* times
vecino(a) *m/f* neighbour
vegetariano(a) *m/f* vegetarian
vehículo *m* vehicle
vela *f* candle ; sail ; sailing
velocidad *f* speed
velocidad limitada speed limit
velocidad máxima speed limit
velocímetro *m* speedometer
vena *f* vein
venda *f* bandage
vendedor(a) *m/f* salesman/woman
vender to sell
se vende for sale
veneno *m* poison
venenoso(a) poisonous
venir to come
venta *f* sale ; country inn
ventana *f* window
ventanilla *f* window *(in car, train)*
ventilador *m* fan *(electric)*
ver to see ; to watch
verano *m* summer
verdad *f* truth
¿de verdad? really?
verdadero(a) true ; genuine
verde green
verdulería *f* greengrocer's
verduras *fpl* vegetables
vereda *f* footpath *(in the country)*
verificar to check
versión *f* version
versión original original version
vespa *f* motor scooter
vestido *m* dress
vestirse to get dressed
veterinario(a) *m/f* vet
vez *f* time
vía *f* track ; rails ; platform
por vía oral/bucal orally
viajar to travel
viaje *m* journey ; trip
viaje de negocios business trip
viaje organizado package tour

V

viajero *m* traveller
víbora *f* adder ; viper
vida *f* life
vídeo *m* video ; video recorder
videocámara *f* camcorder
videojuego *m* video game
vidriera *f* stained-glass window
vidrio *m* glass *(substance)*
vieira *f* scallop
viejo(a) old
viento *m* wind
viernes *m* Friday
Viernes Santo Good Friday
viña *f* vineyard
vinagre *m* vinegar
vinagreta *f* vinaigrette *(dressing)*
vino *m* wine
vino blanco white wine
vino rosado rosé wine
vino seco dry wine
vino tinto red wine
violación *f* rape
violar to rape
violeta *f* violet *(flower)*
virus *m* virus
virus del sida, VIH HIV
visa *f* visa
visita *f* visit
visitar to visit
víspera *f* eve
vista *f* view
viudo(a) *m/f* widow/widower
vivir to live
V.O. (versión original) undubbed version (of film)
volante *m* steering wheel
volar to fly
volcán *m* volcano
voleibol *m* volleyball
voltaje *m* voltage
volumen *m* volume
volver to come/go back ; to return
vomitar to vomit
vosotros you *(plural with friends)*
voz *f* voice
vuelo *m* flight
vuelta *f* turn ; return ; change *(money)*
vuestro(a) your *(plural with friends)*

W

wáter *m* lavatory ; toilet

Y

y and
yate *m* yacht
yerno *m* son-in-law
yo I ; me
yogur *m* yoghurt
yogur natural plain yoghurt

Z

zanahoria *f* carrot

zapatería *f* shoe shop

zapatillas *fpl* slippers
zapatillas de deporte trainers

zapato *m* shoe

zarzuela *f* Spanish light opera ; casserole

zona *f* zone
zona azul controlled parking area
zona de descanso layby
zona restringida restricted area

zorro *m* fox

zumo *m* juice

GRAMMAR

NOUNS

Unlike English, Spanish nouns have a gender: they are either *masculine* (**el**) or *feminine* (**la**). Therefore words for *the* and *a(n)* must agree with the noun they accompany – whether *masculine, feminine* or *plural*:

	masc.	*fem.*	*plural*
the	**el gato**	**la plaza**	**los gatos, las plazas**
a, an	**un gato**	**una plaza**	**unos gatos, unas plazas**

The ending of the noun will usually indicate whether it is *masculine* or *feminine*:

-o or **-or** are generally *masculine*

-a, **-dad**, **-ión**, **-tud**, **-umbre** are generally *feminine*

note: *feminine* nouns beginning with a stressed **a**- or **ha**- take the *masculine* article **el**, though the noun is still *feminine*.

PLURALS

The articles **el** and **la** become **los** and **las** in the plural. Nouns ending with a vowel become plural by adding **-s**:

el gato → los gatos
la plaza → las plazas
la calle → las calles

Where the noun ends in a consonant, **-es** is added:

el color → los colores
la ciudad → las ciudades

Nouns ending in **-z** change their ending to **-ces** in the plural:

el lápiz → los lápices
la voz → las voces

ADJECTIVES

Adjectives normally follow the noun they describe in Spanish, e.g. **la manzana roja** (the red apple)

Some common exceptions which go before the noun are:

buen good
ningún no, not any
poco little, few
tanto so much, so many
gran great
mucho much, many
primer first
último last

e.g. **el último tren** (the last train)

Spanish adjectives also reflect the gender of the noun they describe. To make an adjective *feminine*, the *masculine* **-o** ending is changed to **-a** ; and the endings **-án**, **-ón**, **-or**, **-és** change to **-ana**, **-ona**, **-ora**, **-esa**:

masc. **el libro rojo** (the red book) *fem.* **la manzana roja** (the red apple)

masc. **el hombre hablador** (the talkative man) *fem.* **la mujer habladora** (the talkative woman)

To make an adjective plural an **-s** is added to the singular form if it ends in a vowel. If the adjective ends in a consonant, **-es** is added:

masc. **los libros rojos** (the red books) *fem.* **las manzanas rojas** (the red apples)

masc. **los hombres habladores** (the talkative men)
fem. **las mujeres habladoras** (the talkative women)

MY, YOUR, HIS, HER...

These words also depend on the gender and number of the noun they accompany and not on the sex of the 'owner'.

	with masc. sing. noun	*with fem. sing. noun*	*with plural nouns*
my	**mi**	**mi**	**mis**
your *(familiar sing.)*	**tu**	**tu**	**tus**
your *(polite sing.)*	**su**	**su**	**sus**
his/her/its	**su**	**su**	**sus**
our	**nuestro**	**nuestra**	**nuestros/ nuestras**
your *(familiar pl.)*	**vuestro**	**vuestra**	**vuestros/ vuestras**
their	**su**	**su**	**sus**
your *(polite pl.)*	**su**	**su**	**sus**

There is no distinction between **his** and **her** in Spanish: **su billete** can mean either **his** or **her ticket**

PRONOUNS

subject		*object*	
I	**yo**	me	**me**
you *(familiar sing.)*	**tú**	you	**te**
you *(polite sing.)*	**usted (Vd.)**	you	**le**
he/it	**él**	him/it	**le, lo**
she/it	**ella**	her/it	**le, la**
we	**nosotros**	us	**nos**
you *(familiar pl.)*	**vosotros**	you	**os**
you *(polite pl.)*	**ustedes (Vds.)**	you	**les**
they *(masc.)*	**ellos**	them	**les, los**
they *(fem.)*	**ellas**	them	**les, las**

Subject pronouns (**I**, **you**, **he**, etc.) are generally omitted in Spanish, since the verb ending distinguishes the subject:

hablo — I speak
hablamos — we speak

However, they are used for emphasis or to avoid confusion:

yo voy a Mallorca y él va a Alicante
I am going to Mallorca and he is going to Alicante

Object pronouns are placed before the verb in Spanish:

la veo — I see her
los conocemos — we know them

However, in commands or requests they follow the verb:

¡ayúdame! — help me!
¡escúchale! — listen to him

except when they are expressed in the negative:

¡no me ayudes! — don't help me
¡no le escuches! — don't listen to him

The object pronouns shown above can be used to mean to me, to us, etc., but to him/to her is **le** and to them is **les**. If **le** and **les** occur in combinations with **lo/la/las/los** then **le/les** change to **se**, e.g. **se lo doy** (I give it to him).

There are three main patterns of endings for Spanish verbs – those ending **-ar**, **-er** and **-ir** in the dictionary.

	cantar	**to sing**
	canto	I sing
	cantas	you sing
(usted)	**canta**	(s)he sings/you sing
	cantamos	we sing
	cantáis	you sing
(ustedes)	**cantan**	they sing/you sing
	vivir	**to live**
	vivo	I live
	vives	you live
(usted)	**vive**	(s)he lives/you live
	vivimos	we live
	vivís	you live
(ustedes)	**viven**	they live/you live
	comer	**to eat**
	como	I eat
	comes	you eat
(usted)	**come**	(s)he eats/you eat
	comemos	we eat
	coméis	you eat
(ustedes)	**comen**	they eat/you eat

Like French, in Spanish there are two ways of addressing people: the polite form (for people you don't know well or who are older) and the familiar form (for friends, family and children). The polite you is **usted** in the singular, and **ustedes** in the plural. You can see from above that **usted** uses the same verb ending as for he and she; **ustedes** the same ending as for they. Often the words **usted** and **ustedes** are omitted, but the verb ending itself indicates that you are using the polite form.The informal words for you are **tú** (singular) and **vosotros** (plural).

THE VERB 'TO BE'

There are two different Spanish verbs for **to be** – **ser** and **estar**.

Ser is used to describe a permanent state:

soy inglés	I am English
es una playa	it is a beach

Estar is used to describe a temporary state or where something is located:

¿cómo está?	how are you?
¿dónde está la playa?	where is the beach?

	ser	**to be**
	soy	I am
	eres	you are
(usted)	**es**	(s)he is/you are
	somos	we are
	sois	you are
(ustedes)	**son**	they are/you are

	estar	**to be**
	estoy	I am
	estás	you are
(usted)	**está**	(s)he is/you are
	estamos	we are
	estáis	you are
(ustedes)	**están**	they are/you are

Other common irregular verbs include:

	tener	**to have**
	tengo	I have
	tienes	you have
(usted)	**tiene**	(s)he has/you have
	tenemos	we have
	tenéis	you have
(ustedes)	**tienen**	they have/you have

	ir	**to go**
	voy	I go
	vas	you go
(usted)	**va**	(s)he goes/you go
	vamos	we go
	vais	you go
(ustedes)	**van**	they go/you go

	poder	**to be able**
	puedo	I can
	puedes	you can
(usted)	**puede**	(s)he can/you can
	podemos	we can
	podéis	you can
(ustedes)	**pueden**	they can/you can

	querer	**to want**
	quiero	I want
	quieres	you want
(usted)	**quiere**	(s)he wants/you want
	queremos	we want
	queréis	you want
(ustedes)	**quieren**	they want/you want

	hacer	**to do**
	hago	I do
	haces	you do
(usted)	**hace**	(s)he does/you do
	hacemos	we do
	hacéis	you do
(ustedes)	**hacen**	they do/you do

	venir	**to come**
	vengo	I come
	vienes	you come
(usted)	**viene**	(s)he comes/you come
	venimos	we come
	venís	you come
(ustedes)	**vienen**	they come/you come

PAST TENSE

To form the past tense, for example: I gave/I have given, I finished/I have finished, combine the present tense of the verb **haber** – to have with the past participle of the verb (**cantado**, **comido**, **vivido**):

	haber	**to have**
	he	I have
	has	you have
(usted)	**ha**	(s)he has/you have
	hemos	we have
	habéis	you have
(ustedes)	**han**	they have/you have
e.g.	**he cantado**	I sang/I have sung
	ha comido	he ate/he has eaten
	hemos vivido	we lived/we have lived

To form a negative **no** is placed before all of the verb:

e.g.	**no he cantado**	I haven't sung
	no ha comido	he hasn't eaten
	no hemos vivido	we haven't lived